# Juan Rulfo

## *Aire de las colinas*

# Juan Rulfo

# AIRES DE LAS COLINAS

PLAZA JANÉS

AIRE DE LAS COLINAS. CARTAS A CLARA
© Juan Rulfo, 2000

Composición tipográfica y diseño de cubierta:
Pablo Rulfo, Stega Diseño. Salvo mención en sentido
contrario, todas las fotografías reproducidas en esta
obra pertenecen a Clara Aparicio de Rulfo

Primera edición: mayo, 2000

© de esta edición: Juan Rulfo y herederos de Juan Rulfo, 2000
© de la presente edición: 2000, Plaza & Janés Editores, S. A.
   Travessera de Gràcia, 47-49. 08021 Barcelona

Printed in Spain – Impreso en España

ISBN: 84-01-01377-1
Depósito legal: B. 20.138 - 2000

Impreso en Hurope, S. L.
Lima, 3 bis. Barcelona

L 0 1 3 7 7 1

# Prólogo

Estamos en enero de 1945. Las primeras planas relatan cada día los severos combates en los frentes de Europa y del Pacífico. México se prepara para un año difícil, y el Presidente de la República se juzga obligado a poner bridas a los hombres que, anticipando los tiempos del rito sexenal, quieren saber cuanto antes quién será el candidato del Partido a la Primera Magistratura.

En esas horas, volcadas a la política y la historia, un joven de 27 años viaja de Guadalajara a la capital del país para acompañar a uno de sus tíos (carta III). Poco tiempo antes, ese casi muchacho que firma cartas de amor con el nombre de Juan Rulfo, ha pedido a Clara Angelina Aparicio Reyes que formalmente sea su novia.

Clara es entonces vecina de Guadalajara, aunque nació en la Ciudad de México un 12 de agosto (carta VII), once años después que él. Sin duda, Juan ya lo ha adivinado: ella será quien al mismo tiempo lo inspire (carta I: "Desde que te conozco...") y lo apoye y fortalezca ante las presiones del exterior: la metrópoli, a la vez incitante y abrumadora; el poder político, que —hijo de la Revolución Mexicana— recibirá de él la crítica más sutil y perdurable; el mundo literario, del que él se mantendrá alejado —sobre todo entonces, mientras elabora la mejor novela y los cuentos más sabiamente escritos de nuestra literatura— y que en esos años le proporcionará una amistad esencial, la de Efrén Hernández (carta LXXVI), estricto prosista y maestro. Guardamos un documento de la dolorosa e inevitable espera de tres años que Clara le impone: la carta II, que transustancia la pena del autor en una página de grave talento lírico. Como casi todas las demás, la carta se publica ahora por primera vez.

Los papeles de un gran escritor tienen, sí, carácter de documentos. Se trata en nuestro caso, antes que nada, de una nueva oportunidad de acercarnos a la revelación del milagro: ¿cómo es que Rulfo escribió esas trescientas páginas que Gabriel García Márquez ha puesto a la altura de las de Sófocles, esto es, de uno de los hombres que, a través de la escena y la palabra, contribuyeron a fundar la civilización?

Un escritor importante es un centro donde confluyen tradiciones y relatos, voces e ideas, inquietudes y preguntas de él y de los otros. Hay una hora en que todas esas potencias armonizan como los instrumentos de una orquesta que tocara en plena intemperie o en el campo de batalla y consiguiera convertir en sonidos las más arduas estridencias. Entonces el escritor expresa para los otros lo que los otros viven sin revelación, lo que los otros experimentan sin que eso se les entregue con la intensidad y la secreta nitidez con que sucede en la vida.

Las ochenta y un cartas, escritas entre octubre de 1944 y diciembre de 1950, testimonian el ánimo y los empeños del autor mientras por su persona pasa —y en ella se ordena y adquiere la dimensión paradigmática de la literatura— el convulso universo de *El Llano en llamas* (1953) y de *Pedro Páramo* (1955). Las cartas atestiguan también la importancia del amor y, más adelante, de la familia en la construcción de un mundo propio para quien hará de Comala, de Luvina, de San Gabriel, de Talpa, territorios simbólicos que, cerrados y opresivos para los personajes, se abren ya para siempre a los lectores y no dejan de deslumbrarlos.

"Yo soy un desequilibrado de amor", escribe Rulfo a su futura esposa (carta III). Y ella, con su nombre de epifanía —clara luz, aparición—, será esencial para que el desequilibrio —sobreabundancia de energía destinada a una sola persona— se apacigüe, tome cauce y poco a poco vaya fluyendo ya hecho escritura de los dos: "en tus cartas [...] hay una gran serenidad al decir las cosas que me gusta" (carta XIX).

Entonces él participa, lleno de esmero y entusiasmo, en la realización material del matrimonio y de la vida cotidiana. Y de esa forma la veneración por la joven que suscita el recuerdo de María, madre del escritor (carta IV), se transfigura en experiencia diaria de ese doble mundo desde donde él va a dar vida a su obra: el del terruño y de la infancia, por una parte, y el de la ciudad y la madurez emocional y artística, por otra. Y es que la mujer funde y revive dos edades, dos épocas, dos ámbitos, y por eso no es casual que los primeros años verdaderamente fértiles de Rulfo coincidan con el inicio de la relación amistosa, amorosa y epistolar entre él y Clara.

La misma dualidad —juguetona unas veces, estremecida otras, y siempre esencial para que una persona sea capaz de aprender a concebir un personaje— aparece allí donde Rulfo ramifica su propia figura y la de Clara en "yo", "él", "Juan" o "ese muchacho", por un lado, y "tú" y "Ella" o "Clara", "Clara Aparicio", por otro: el amor definitivo se desdobla para verse y expresarse, y eso sucede de modo afín a aquel que ocurre cuando el escritor va sacando de sí mismo —de las internas voces oscuras, de las oquedades aún lejanamente audibles— los primeros esbozos de algunos de sus personajes, a los que llama con palabras diferentes de "tú" y "yo":

> Clara, mi madre murió hace 15 años; desde entonces, el único parecido que he encontrado con ella es Clara Aparicio, alguien a quien tú conoces, por lo cual vuelvo a suplicarte le digas me perdone si la quiero como la quiero (carta IV).

Entonces la invención literaria se gesta, en Rulfo, entre el parecido y el desdoblamiento y en un espacio de afectos esenciales. Algo similar ocurre cuando el escritor compara dicciones como una seña de amor y a la vez como un ejercicio: "A veces me sucede que, cuando alguien dice algo, me digo: Claris lo diría de este otro modo. Y te veo a ti diciéndolo" (carta XX). Y también busca él en el espejo de ella esa capacidad para la síntesis que en su obra será determinante: "[…] me dices tantas cosas en tan poquitas palabras, cuando yo necesito dos o tres hojas para decirte una sola […]" (carta LVI).

Hace cincuenta años, una carta era pretexto para la charla y el juego, para la reflexión que matiza y la confesión que tiene largas consecuencias; para, en fin, la levedad y la profundidad.

Era también el espacio del acuerdo cotidiano y de las aclaraciones más bien urgentes. Y si la alquimia de Rulfo da tesitura oral al texto escrito y trascendencia poética a viejas voces e historias oídas, inventadas y vividas de niño, las cartas a Clara son un ejercicio con el cual la mano se relaja, toma confianza y se mantiene ágil y con el cual algunas expresiones populares, hijas de la boca y del tímpano, se aclimatan al papel, cuya dimensión ausente, el volumen —el volumen de la vida—, resurge justo gracias a la feliz pertinencia del estilo.

Y es así como los prefijos "re" y "rete" de algunas de las cartas más traviesas preparan el irónico "la otra que era rete alta", del cuento "Acuérdate". Y el "tiliches" de la carta XXV augura el "Tiliches —me dijo ella—. Tengo la casa toda entilichada", de Eduviges Dyada a Juan Preciado en *Pedro Páramo*.

Más hondamente, el "Yo te pedí ayuda una vez", de la estremecedora carta XII, insinúa las corrientes subterráneas que años después desembocarán en el "Susana —dijo. Luego cerró los ojos—. Yo te pedí que regresaras", del monólogo final de Pedro Páramo. Cada escritor tiene expresiones o más bien esquemas sintácticos que le sirven como lechos de río para hacer fluir algunas frases fundamentales: el "Yo te pedí" debió haber resonado en el corazón y en la cabeza de Rulfo mientras daba vida al ser humano más distinto a él que pudiera imaginarse: aquel Pedro ciego, impulso puro, quien, aun así, alcanza su estatura trágica y su redención como personaje inconfundible porque su autor sabe imbuirlo con la fuerza afectiva que él mismo está experimentando.

Y, de idéntico modo, a Juan le gusta cerrar los ojos cuando evoca a Clara (cartas XLVII y XLIX), igual que Pedro cuando alguien le recuerda a Susana: "y en cuanto sale a relucir tu nombre, cierra los ojos". Ese acto físico, íntimo, casi defensivo, preserva la privacidad última del protagonista y expresa indirectamente una pasión que, de tan honda, le exige al ser que se vuelque sobre sí y cierre las puertas detrás suyo.

Ahora bien, aquí no se trata de establecer paralelismos ingenuos entre personas y personajes, sino de recordar y reconocer que la materia cruda de la vida es el impulso inicial para transformaciones verbales y anímicas que alguna vez emergerán convertidas en acontecimientos literarios; de reconocer, asimismo, que los documentos en torno a una obra ya clásica merecen gravitar alrededor de ésta, en la medida en que los lectores agradecidos y discretos saben discernir las delicadas y precisas relaciones entre unos y otra.

Una fina relación de ese tipo se establece cuando Juan explica a Clara que quiere organizar muy bien sus cosas para poder vivir tranquilo con ella, y al exponerle las razones sugiere una noción muy suya del tiempo de la vida y el contratiempo de la muerte: "La vida es corta y estamos mucho tiempo enterrados" (carta XII). La intensidad de su conciencia de uno y otro será una de las claves de la concepción de *Pedro Páramo*, no sólo cuando Dorotea le diga a Juan Preciado: "Haz por pensar en cosas agradables porque vamos a estar mucho tiempo enterrados", sino cuando las ánimas en pena, agobiadas porque se les usurpó la libertad, el discernimiento —la sustancia—, vuelquen el destiempo de la eternidad en las horas de los vivos.

En las cartas de Rulfo brilla, entre otros rasgos, un enorme espíritu autocrítico, tan esencial en todo artífice auténtico y, a la vez, tan riesgoso. De las respuestas de él se deduce que Clara lo está animando a matizar ese espíritu, que no lo deja mostrarle sus textos ni siquiera a ella: efectivamente, Juan mantiene frente a éstos una actitud severa y cautelosa (cartas XXXIV, XXXV y LXII). Tal actitud es otro de los casi milagrosos equilibrios que a la larga harán posible esas dos fulguraciones de la literatura universal que son *El Llano en llamas* y *Pedro Páramo*. De hecho, la exploración de la convergencia en una sola persona del espíritu autocrítico, de un oído atento, de un riquísima imaginación y de un inmenso poder verbal perfectamente calibrado, debería ser el hilo conductor para quien quisiera acercar la obra y la vida de Rulfo: las cartas a Clara serían, para ese paciente y agudo investigador, un material insustituible. En otros términos, la vocación de explicar la génesis de los textos canónicos pasa *a fortiori* por la meditada lectura y el sopesado juicio de materiales tan valiosos como los que aquí se presentan. Éstos, por lo demás, tienen un valor intrínseco por la belleza, la nítida inteligencia, la perspicacia y la emoción de tantos pasajes.

Una breve cronología se hace, por cierto, indispensable para quien quiera gozar la sustancia de la correspondencia: Juan Rulfo —quien nació el 16 de mayo de 1917 en Apulco, Jalisco— conoce a Clara hacia 1941 en Guadalajara, cuando ella tiene 13 años. Y, como Dante, deberá seguirla a la distancia por mucho tiempo, informándose aquí y allá sobre su domicilio y sobre sus padres ("me metí en tantos trabajos para dar contigo...": carta III) y presentándose finalmente a éstos para exponerles su propósito. En 1944 habla con ella, después de encontrarla en el café Nápoles de Guadalajara (carta XVIII), hoy desaparecido. Es entonces cuando ella, quien por fin se ha percatado de la discreta presencia del joven empleado de Gobernación, le antepone el plazo de tres años (carta II). Juan acepta, y en las cartas es notoria la creciente alegría que le causa el paulatino pero inexorable cumplimiento de la condición, hasta que en 1947 el noviazgo es una realidad, y la pareja habla de los preparativos para la boda. Ésta se llevará a cabo en el templo de El Carmen, también de Guadalajara, el 24 de abril de 1948.

Entretanto, el país ha pasado del gobierno conservador y conciliador del general Manuel Ávila Camacho (1940-1946) al régimen impetuoso del abogado Miguel Alemán Valdés (1946-1952), bajo el cual habrá de consumarse la definitiva instauración de la burguesía en el poder, y allí se dará un íntimo maridaje con la clase política, tal como lo exhibe Carlos Fuentes en su extraordinario díptico *La región más transparente* (1958) y *La muerte de Artemio Cruz* (1962).

La ciudad —dos de cuyos barrios, Nonoalco y la Merced, aparecen en las primeras versiones de "Paso del Norte", de *El Llano en llamas*— experimenta entonces una transfiguración vertiginosa, de la que dan cuenta las fotografías de Gustavo Casasola (*Historia gráfica de la Revolución Mexicana*) y también las del joven Rulfo, cuya pasión por la cámara hará de él un excelente fotógrafo y depurará su talento para percibir tanto paisajes como templos, casas, ruinas; ese don, aquilatado y multiplicado, se consumará en descripciones inolvidables como la de la iglesia sin techo de "Luvina".

Y es que, de la misma manera que el oído y la mano aprenden a conectarse y a aliarse naturalmente por medio de la escritura de cartas, el ojo, creador instintivo de metonimias visuales, se ejercita y adiestra por medio de la fotografía (carta XL) y de la cuidadosa observación y el estudio de espacios arquitectónicos. De hecho, el Rulfo experto en fotografía de interiores y exteriores, descubierto por Víctor Jiménez y otros especialistas y preservado por la Fundación que lleva su nombre, es autor de 400 textos sobre el tema; tales páginas, prácticamente inéditas, representan hoy una inmensa y asombrosa veta virgen.

En aquellos pocos años excepcionales, la capital del país parece próxima al ideal de la polis moderna —espacio de civilización y libertad, cuidadoso equilibrio entre la naturaleza y las obras humanas—, antes de sucumbir para siempre ante los estragos de la corrupción y de la ineptitud y ante las consecuencias abrumadoras del abandono del campo en beneficio de una industrialización siempre unilateral, que obligará a los personajes rulfianos a emigrar a la urbe con su carga de expectativas frustradas en aspectos capitales como el reparto agrario y la justicia ("Nos han dado la tierra"), los servicios médicos ("No oyes ladrar los perros"), la educación y el trabajo ("Luvina"). En uno de sus últimos textos, Rulfo mirará con su claridad y concisión tan características algunos de los más urgentes temas y problemas del presente mexicano, ya sugeridos en su obra:

"Mexicano" es una definición civil. Abarca lo mismo a quien posee, gracias a su única lengua, el castellano, todas las riquezas culturales del mundo, que al campesino que abandona el campo destruido por la corrupción y la erosión, los caciques y la sequía, y busca un trabajo que no hallará en las grandes ciudades: México, Guadalajara, Monterrey.

Frontera entre dos civilizaciones que se oponen desde que los romanos sojuzgaron a las tribus germanas, México —por obra de su debilidad y no de su fuerza— está "colonizando" el sur angloamericano. Los estados fronterizos de ambas naciones ya forman un país bicultural y bilingüe por encima de las fronteras políticas ("México y los mexicanos", *Toda la obra*, 400-402, 401).

A esa incipiente megalópolis, en fin, llegará el joven Rulfo, primero de manera provisional o esporádica, de 1932 a 1942 (carta LX) y en enero-febrero y agosto de 1945 y 1946, y luego ya de forma definitiva, a partir del lunes 3 de febrero de 1947 (carta X), en plenos inicios del sexenio alemanista, cuando un amago de huelga petrolera, que amenaza el abasto de gasolina, y una absurda matanza de civiles en Tapachula, Chiapas, desafían al Presidente y al también joven secretario de Gobernación, Héctor Pérez Martínez.

La Revolución está entonces en manos de los cachorros, esos ambiciosísimos herederos de los grandes caudillos; y los espacios urbanos hacen visible una toma del poder que excluirá a los hijos ya transculturados, ya urbanizados, de los viejos inmigrantes de raíz rulfiana: a todos aquellos, en fin, que —*Los olvidados*— crearán sus propias formas de resistencia y sus propios cauces trágicos y que serán incapaces —tal es su recelo— de aceptar la ayuda de las instituciones cuando ésta alcance a presentarse, como ocurre con el desaprovechado gesto amistoso del director de la correccional en la película de Luis Buñuel.

Por su parte, Juan vive con la angustia de que tal vez tenga que convertirse en capataz de obreros sometidos a ya de por sí crueles condiciones de trabajo (carta XII). En cuanto a la literatura, trabaja entonces con dos líneas: la urbana, fruto de sus experiencias presentes, como se advierte en "Un pedazo de noche" y otros fragmentos de la época, y la que retoma las historias y los mitos de la vieja región de la infancia. Triunfará esta última, sin duda también porque la "claridad esclarecida" de Clara arroja luz sobre un pasado que hasta entonces sólo se puebla de ánimas en pena, de orfandad taciturna y condolida.

Hay una foto de 1923, el mismo año en que el padre muere asesinado en una vereda a la edad eucarística de los treinta y tres: el niño, sentado en el suelo del patio del Colegio Josefino de San Gabriel, donde estudia sus primeras letras, mira absorto e intenso hacia ese presente y ese futuro siempre sugeridos y unidos por la cámara; hay en él un principio de concentración, de aguda y casi un poco perturbada conciencia infantil frente al mundo, de naciente seriedad ante la tarea asumida. Las sucesivas pérdidas del padre, Juan Nepomuceno Pérez Rulfo, "Cheno" (1887-1923), y de la madre, María Vizcaíno Arias (1897-1927), exacerbarán esa conciencia hasta hacerla también incallable dolor, "cosa que nos mira y se va, como se va la sangre de la herida" (carta I). Sólo por obra de Clara y después de los hijos (él celebra a los dos primeros, Claudia y Juan Francisco, en la parte final de la correspondencia), Juan se reconciliará con el agustiniano presente de su pasado y podrá convertirse en aquello que de algún modo sugiere ya la mirada del niño: en uno de los más grandes observadores y narradores, en aquel cuyas historias seguirán dándonos las imágenes fundamentales de la tragedia de una región, un país, un continente en los que el tiempo del mito tendrá siempre las mismas sílabas que Rulfo.

ALBERTO VITAL
Centro de Estudios Literarios
Instituto de Investigaciones Filológicas
Universidad Nacional Autónoma de México

Juan Rulfo a la edad de seis años en el Colegio Josefino de San Gabriel, Jalisco, 1923.

Fotografía: colección de Edmundo Villa de la Mora.

Juan Rulfo (a la izquierda) y un acompañante,
fotografiados en la acera de una calle de la ciudad de Guadalajara, Jalisco en 1945.

# Cartas

## *1944-1950*

# I

Desde que te conozco, hay un eco en cada rama que repite tu nombre; en las ramas altas, lejanas; en las ramas que están junto a nosotros, se oye.

Se oye como si despertáramos de un sueño en el alba.

Se respira en las hojas, se mueve como se mueven las gotas del agua.

Clara: corazón, rosa, amor...

Junto a tu nombre el dolor es una cosa extraña.

Es una cosa que nos mira y se va, como se va la sangre de una herida; como se va la muerte de la vida.

Y la vida se llena con tu nombre: Clara, claridad esclarecida.

Yo pondría mi corazón entre tus manos sin que él se rebelara.

No tendría ni así de miedo, porque sabría quién lo tomaba.

Y un corazón que sabe y que presiente cuál es la mano amiga, manejada por otro corazón, no teme nada.

¿Y qué mejor amparo tendría él, que esas tus manos, Clara?

He aprendido a decir tu nombre mientras duermo. Lo he aprendido a decir entre la noche iluminada.

Lo han aprendido ya el árbol y la tarde...

y el viento lo ha llevado hasta los montes y lo ha puesto en las espigas de los trigales. Y lo murmura el río...

Clara:
Hoy he sembrado un hueso de durazno en tu nombre.

*Guadalajara. 10/44*
juan rulfo

Hoy que vine de ti, sostenido a tu sombra, he mirado la noche. He mirado las nubes en la noche como lágrimas alrededor de la luna clara; los árboles oscuros, las estrellas blancas.

Hoy he visto cómo por todas partes la noche era muy alta. Y me detuve a mirarla como se detiene el que descansa. Clara:

Hoy se murió el amor por un instante y creí que yo también agonizaba.

Fue a la hora en que diste con tus manos aquel golpe en la mitad de mi alma.

Y que dijiste: tres años, como si fuera tan larga la esperanza.

Hoy caminé despacio pensando en tus palabras. Oyendo los ruidos del pájaro que duerme y los ruidos del ansia.

Del ansia que nos mancha la congoja de no poder ser omnipotentes para labrar una piedad dentro de otra alma.

Con todo, tres años no son nada. No son nada para los muertos, ni para los que han asesinado lo que aman.

Tres años son, Clara, como querer cortar con nuestras manos un hilito de agua.

Y en esperar que pasen los tres años, el tiempo nunca pasa.
Clara:
Hoy que vine de ti, sostenido a tu sombra, me puse a mirar mi soledad y la encontré más sola.

*Guad. Oct. de 1944*
juan rulfo

# III

Sta. Clara Aparicio.
Kunhardt No. 55.
Guadalajara, Jal.

Clara, pequeña amiga mía:

Tengo, entre las joyas de mis parientes, un tío muy terco (yo también soy muy terco, pero él me gana) que se armó a que lo acompañara. Y la cosa fue tan de repente que no tuve tiempo sino de hacer mi envoltorio y venirme con él. Eso fue el sábado al mediodía. Por tal motivo, estoy suplicándote me perdones el no haberte avisado de mi salida.

Me he acordado mucho de ti. Todo el camino me vine piense y piense que en Guadalajara se había quedado una cosa igual a las cosas esas que andan por el cielo, y, de puro acordarme, venía sonriéndose mi corazón y dando de brincos a cada paso, como si no le cupiera el gusto de saber que tú existes. Debido a eso no se me hizo largo el camino.

Él y yo nos vinimos platicando de ti (mi corazón y yo), y él estuvo de acuerdo conmigo en todo. Por ejemplo, yo comencé por decirle que no me merecía ni siquiera que me dirigieras la palabra y mucho menos tenerme por amigo. Entonces él me contestaba: es muy cierto, muy cierto. Yo seguía diciéndole: tengo necesidad de Ella, de quererla mucho; ¿pero acaso tengo yo algún mérito para merecerla, eh? No, no tienes ninguno, respondía él. Ella es muy bonita, ¿verdad? ¿Bonita? ¡Es la criatura más hermosa con que yo haya tropezado en mi vida! Eso decía mi corazón.

Luego pasé a preguntarle si Ella no se iría a enojar si le habláramos de tú, aquí en esta cosa que casi parece carta. No, no se enojará; el de Ella es un corazón muy buena gente y no se enojará. Ahora, si se enoja, que se enoje, al fin y al cabo no está aquí cerca de nosotros para que nos regañe. Oye, corazón, ahora sí te equivocaste. Ella sí está aquí con nosotros; nada más cierra los ojos y verás la figura completa de Ella. Ahora está arqueando la cejita y nos está echando una mirada muy seria. Dentro de un rato se le va a salir uno de esos suspiros buenos que Ella acostumbra dar de rato en rato, cuando no sabe qué hacer con el amor que lleva dentro.

¡Ah!, si Ella se imaginara la fuerza que tiene su recuerdo y la forma como él, ese recuerdo suyo, lo tenemos aquí presente, tal vez nos quisiera un poquito. Bueno, vamos haciendo una aclaración, vamos suponiendo que nos quiere tantito, así, con un amor del tamaño de una semilla de amapola. Pero no, no nos quiere ni así. ¿Te acuerdas del día en que nos dijo que no nos tenía confianza? Tú te pusiste a llorar un rato, ¿no? Y esto se debió a que la queremos, a que Ella es la misericordia para nosotros y, aunque yo me he propuesto aceptar todo lo que venga de ella, tú, en cambio, eres débil como una cáscara de ciruela y te dueles con mucha facilidad. A veces me da pena salir a defenderte porque no aguanto la cara de sentimiento que pones. Sobre todo, me da pena con Clara. ¿Qué idea se hará ella de tu fragilidad, de ti, pobre corazón que la quieres tanto? Los dos te queremos. Mi corazón y yo somos un buen par de buenos amigos tuyos. Ésa es la verdad.

Te estoy escribiendo desde un restaurante. Aquí estoy en mi elemento. Son las diez de la noche y se me magulla el alma de pensar que tú algún día llegues a olvidarte de este loco muchacho. No, ahora no estoy triste. Tristeza la de antes de conocerte, cuando el mundo estaba cerrado y oscuro; pero no ahora en que, si no me porto mal, tal vez, algún día de éstos, llegues a comprender lo encariñado que estoy contigo. Clara, vida mía, me hace falta tantita de tu bondad, porque la mía está endurecida y echada a perder de tanto andar solo y desamparado.

Perdóname si yo he exigido mucho de ti, quizá demasiado, que haya querido que tu corazón palpitara fuera de tiempo, como yo hago con el mío; pero yo soy un desequilibrado de amor y tú no, ahora lo sé y sé también que por eso me gustas así, porque eres como la brisa suave de una noche tranquila. Es precisamente por esto que yo te anduve buscando y me metí en tantos trabajos para dar contigo porque sabía que, ya conociéndote, podía contarte las cosas que le dolían a mi alma y tú me darías el remedio.

Clara, no sé todavía los días que me voy a estar por aquí. Ando arreglando el asunto de mis sueldos y quiero ver, de paso, si es posible dedicarme a librero allá en Guadalajara. Ya que estoy aquí quiero aprovechar el tiempo en algo. Si de casualidad quieres escribirle al muchacho puedes hacerlo a Virrey Antonio de Mendoza No. 125, Lomas de Chapultepec. Es la cosa que yo me moriría de gusto al tener noticias tuyas.

Aquí está haciendo de las suyas el frío; pero yo estoy enamorado y a los enamorados no nos hace fuerza nada.

Quisiera poder contarte más cosas de esto y de aquello, pero soy muy flojo para escribir y lo hago muy mal. Ojalá se componga el tiempo y vuelva la inspiración, aunque la inspiración se quedó en Guadalajara.

(No sé qué poner aquí)

Auf Wiedersehen

Juan Rulfo

La verdad es que tengo prisa por mandarte esta carta y recibir tus disculpas; por eso no la hago más larga.

Mucho Te quiere

# IV

*Méx. Enero 10 de 1945*

Muchachita:

No puedo dejar pasar un día sin pensar en ti. Ayer soñé que tomaba tu carita entre mis manos y te besaba. Fue un dulce y suave sueño. Ayer también me acordé de que aquí habías nacido y bendije esta ciudad por eso, porque te había visto nacer.

No sé lo que está pasando dentro de mí; pero a cada momento siento que hay algo grande y noble por lo que se puede luchar y vivir. Ese algo grande, para mí, lo eres tú. Esto lo he sabido desde hace mucho, mas ahora que estoy lejos lo he ratificado y comprendido.

Estuve leyendo hace rato a un tipo que se llama Walt Whitman y encontré una cosa que dice:

*El que camina un minuto sin amor,*
*camina amortajado hacia su propio funeral.*

Y esto me hizo recordar que yo siempre anduve paseando mi amor por todas partes, hasta que te encontré a ti y te lo di enteramente.

Clara, mi madre murió hace 15 años; desde entonces, el único parecido que he encontrado con ella es Clara Aparicio, alguien a quien tú conoces, por lo cual vuelvo a suplicarte le digas me perdone si la quiero como la quiero y lo difícil que es para mí vivir sin ese cariño que tiene ella guardado en su corazón.

Mi madre se llamaba María Vizcaíno y estaba llena de bondad, tanta, que su corazón no resistió aquella carga y reventó.

No, no es fácil querer mucho,

Juan

# V

Chiquilla:

¿Sabes una cosa?

He llegado a saber, después de muchas vueltas, que tienes los ojos azucarados. Ayer nada menos soñé que te besaba los ojos, arribita de las pestañas, y resultó que la boca me supo a azúcar; ni más ni menos, a esa azúcar que comemos robándonosla de la cocina, a escondidas de la mamá, cuando somos niños.

También he concluido por saber que los cachetitos, el derecho y el izquierdo, los dos, tienen sabor a durazno, quizá porque del corazón sube algo de ese sabor.

Bueno, la cosa es que, del modo que sea, ya no encuentro la hora de volverte a ver.

No me conformo, no; me desespero.

I am hurry because finished me the ink.

Juan Rulfo

chiquilla:

Sabes una cosa:

He llegado a saber, después de muchas vueltas, que tienes los ojos azucarados. Ayer nada menos soñé que te besaba los ojos, arribita de las pestañas y resultó que la boca me supo a azúcar, ni más ni menos, a esa azúcar que comemos robándosela de la cocina, a escondidas de la mamá, cuando somos niños.

También he concluido por saber que los cachetitos, el derecho y el izquierdo, los dos, tienen sabor a durazno, quizá porque del corazón sube algo de ese sabor.

Bueno, la cosa es que, del modo que sea, ya no encuentro la hora de volverte a ver. No me conformo, no, ni me desespero, I am hurry because finished me the ink.

Original de la carta V, de enero de 1945.

# VI

Criatura:

Ayer no me divertí, ni antier, ni antes de antier, ni ningún día, así que no fue por eso que no te escribí, sino porque soy muy flojo, el tipo más flojo que tú hayas conocido. Además de flojo que soy, tengo el corazón malo, pues cuando sintió que pasaban los días y no veía a Kiko se puso enfermo de todo a todo. Y una cosa así, desesperada, no tiene juicio, ni logra entender por qué lo tratan de ese modo, separándolo tan de repente de lo que él más quiere.

Ahora te voy a decir otra cosa: no te enojes conmigo porque no escribí luego luego, pues cuando te pones corajuda te ves muy bonita, y yo no quiero que te veas bonita no estando yo ahí para mirarte.

Ojalá no te hayas enfermado de catarro ni de nada. Yo no quiero que te enfermes nunca; lo que sí quisiera es conseguir que permanecieras siempre con la sonrisita que tienes y con los ojos que tienes, así de alegres, que a veces me da miedo pensar que alguien, nomás de ver eso, se enamore de ti. No, no me gustaría que sucediera. Yo solo quiero ser el único enamorado de esa cosa que Dios puso mucho cuidado en hacer hermosa y, para acabar, darle permiso para andar sobre la tierra, con el fin de volver loco a este loco muchacho que tú conoces.

Mujercita:

Ayer pensé en ti y antier y antes de antier y todos estos días. Además, pensé lo bueno que sería yo si encontrara el camino hacia el durazno de tu corazón; lo pronto que se le acabaría la maldad a mi alma y lo despiadado. ¿No te he contado alguna vez lo despiadado que soy? Pues sí, Kiko, yo odio mucho al mundo y mi odio es constante. Quizá por esto el mundo me ha tratado mal y me ha hecho desafortunado. ¿Pero soy desafortunado, Kiko? ¿Verdad que no lo soy? ¿Acaso tú no eres para mí toda la riqueza junta y un rinconcito de suave tranquilidad? Algún día lo sabré, ¿no, Kiko?

Por lo pronto, me puse a medir el tamaño de mi cariño y dio 685 kilómetros por la carretera. Es decir, de aquí a donde tú estás. Ahí se acabó. Y es que tú eres el principio y fin de todas las cosas.

No te me vayas a enojar por la letra colorada con que escribí esta carta, ni por ninguna nada, ¿eh? Espera hasta el lunes que yo esté ahí para verte la carita corajuda, Kiko, vida mía.

Juan

Juan Rulfo en el Nevado de Toluca, *ca.* 1945.

# VII

*Méx. D. F. 9 de agosto 1945*

Kiko:

De resultas de una muina me vine a ésta para tomar otros aires y un poco de altura, pues me sentía muy chaparrito en esa ciudad sin agua. Estoy aquí muy a gusto, vagando día y noche como un loco al que de pronto se le ocurre que existen otros lugares y otra vida, donde habita gente que quizás tiene problemas como los nuestros o mayores que los nuestros.

Si de casualidad no estoy en Guadalajara para el domingo, te deseo una cantidad infinita de felicidades y que nunca llegues a conocer un día negro que, como los míos, te haga pensar, porque es malo pensar para el que quiere y busca la tranquilidad.

No te he dicho nada. No trataba de decirte grandes cosas porque hace ya mucho tiempo que se me olvidaron o perdí la fe en las grandes cosas; sólo quería saludarte y hacerte saber que todavía este muchacho piensa en la mujercita aquella.

Juan

# VIII

*Coyoacán, D. F., a 23 de enero de 1946*
a las 9 de la mañana
Tiempo: Neblinoso-Frío-Azucarado

Criatura:

No creas que me he olvidado de ese corazón bueno que está allí, contigo, sino que, como siempre me sucede, me enfermé del estómago por andar comiendo barbacoa, y me estuve encerrado una bola de tiempo sin poder salir a la calle para poner en el correo las cuatro o cinco cartas que te había escrito, pero que no te mandé. El médico que me atendió me dijo que estaba perdiendo la memoria y que, por lo tanto, me reguileteaba el coco. Me dio unas medicinas para que me acordara de ti, pues según él me sentía yo como desterrado y sin esperanzas. También me encontró muy neurasténico y todo enfermo del hígado. Así que ahora me explico por qué te tenía tanto miedo cuando te conocí. Y por qué tú no has dejado de tenerme también mucho miedo.

Pronto volveré a Guadalajara. Mi familia quiere que siga allá, porque según ellos ando más contento cuando vivo en ésa que en otra parte. Eso se explica por muchas razones que yo me sé. Todavía hace cinco minutos te estaba queriendo mucho; te lo digo ahorita, porque quién sabe si después se me olvide decírtelo. De cualquier modo, debes tomármelo en cuenta.

Cuando vengas algún día a este lugar te enseñaré una placita que descubrí en mis andulencias. Tiene una iglesia y muchos árboles y nadie pasa. Tengo aquí más de media hora y nadie ha pasado por aquí. Sólo hace rato se asomó a verme una gallina. Después me volví a quedar solo. Eres muy chula, muchachita fea. Eso es lo que eres. No te escribo más para no enfadarte; sólo quería que supieras que todavía estoy vivo y... nada más por ti.

Juan

Coyoacán, D.F. a 23 de enero de 1946.
a los 9 de la mañana

Criatura:
Tiempo: Neblinoroso-, Frío. Azucarado.

No creas que me olvidado de ese corazón bueno que está ahí, contigo. Sino que, como siempre me sucede, me enfermé del estómago por andar comiendo barbacoa, y me estuve encerrado una bola de tiempo sin poder salir a la calle para poner en el correo las 4 o 5 cartas que te había escrito; pero que no te mandé. El médico que me atendió me dijo que estaba perdiendo la memoria y que, por lo tanto, me requeteaba el coco. Me dio unas medicinas para que me acordara de ti; pues según él, me sentía yo como desterrado y sin esperanzas. También me encontró muy neurasténico y todo enfermo del hígado. Así que ahora me explico por qué te tenía tanto miedo cuando te conocí. Y por qué tú no has dejado de tenerme también mucho miedo.

Pronto volveré a Guad. mi familia quiere que siga allá, porque, según ellos, ando más contento cuando vivo en esa, que en otra parte. Eso se explica por muchas razones que yo me sé. Todavía hace 5 minutos te estaba queriendo mucho, te lo digo ahorita, porque quién sabe si después se me olvide decírtelo. De cualquier modo debes tomármelo en cuenta. Cuando vengas algún día a este lugar, te enseñaré una placita que descubrí en mis andulencias. Tiene una iglesia y muchos árboles y nadie pasa. Tengo aquí más de 1/2 hora y nadie ha pasado por aquí. Sólo hace rato se asomó a ... una gallina. Después me volví a quedar solo. Eres muy chula, muchachita fea. Eso es lo que eres. No te escribo más para no enfadarte, sólo quería que supieras que todavía estoy vivo y... nada más por ti. Juan -

Original de la carta VIII, fechada el 23 de enero de 1946.

# I X

*México, D. F. 20 de agosto de 1946*

Sta. Clara Aparicio
Guadalajara, Jal.

Mujercita:

Ayer me llegó muy fuerte el amor por ti. Estuve en una fiesta en la casa de la pintora María Izquierdo y allí me encontré con un gran montón de poetas y pintores y escultores y artistas y "coleros" como yo. Allí me encontré a Isabela Corona y me solté platicando con ella y como yo estaba medio romántico le hablé de ti y ella me dijo que tenía una prima en Guadalajara que según el decir poseía las piernas más bonitas y monumentales de todo el Occidente del país; pero que, conforme lo que yo le decía de ti, debía de no ir a visitar a su prima y, en cambio, casarme contigo luego lueguito y enseguida inmediatamente lo más pronto posible, porque de otro modo me iba a caer cualquier día muerto de amor en la orilla de cualquier banqueta. Eso sucedió porque allí se trataba de un banquete. María Izquierdo es muy fea y tiene una hija más fea que tú. También conocí a Enrique González Martínez, el autor de "Tuércele el cuello al cisne", y a José Gorostiza, el mejor poeta de México: "Muerte sin fin", Antología "Laurel", páginas tales y cuales. A Rosaura Revueltas, que está loca de querer tanto a su marido que se le fue de su casa hace dos años y al que todavía anda buscando. Bueno, se bebió, se comió y se dijeron muchas barbaridades, que no te cuento porque te pondrías coloradita. Y como te iba diciendo me acordé de ti mucho y ya no hallaba a quién contarle que tú vivías sobre la tierra y que comías y dormías y no eras ningún fantasma ni ninguna alucinación mía, sino que estabas vivita y coleando y que yo te quería mucho y que ya no te iba a regañar nunca, con tal de poder creer, aunque no sea cierto, que tú también me quieres. Te iba a escribir anoche mismo pero ya te puedes imaginar que llegué algo atarantado, no de lo que tú te imaginas, sino de la desvelada, pues eran las cinco de la mañana y la cama estaba rete sabrosa. Te recomiendo que veas una película que se llama "La escalera de caracol"; allí sales tú dando unos gritos muy fuertes. De cualquier modo ya tengo ganas de ver tu naricita y esa boca tuya que tanto me gusta. Dios sabe que... ¿Cómo salieron tus fotografías? Recógelas todas, no vaya a suceder que las pongan en el escaparate y algún o algunos o algunas (pretérito pluscuamperfecto del verbo: algunear) te lleguen a confundir con la Virgen de Zapopan y luego te quieran llevar en peregrinación por las calles. Cuídate mucho y quiéreme mucho, pedacito de jitomate. No creas que estoy loco, pero si no me voy a Guadalajara en esta semana no faltará que pierda algún domingo. I love you, I love you, I love you, I will always love you. Ego amatus tui, ego amatus tui. So much. Ich liebe dich, ich liebe dich, einverstanden. Io ti amo, io ti amo. Salúdame mucho a tus hermanitos y a tu mamá si es que ya está con ustedes y ojalá que tú estés contenta y de buen humor, como siempre. No leas esta cosa acabando de comer porque te haría daño. Y no me sigas haciendo daño a mí, pobre corazón mío.

Juan

He aprendido a escribir tu nombre en las paredes. Vale.

No te escribo nada de este lado porque me dijeron que era falta de educación.

En ese sentido tú sabes que yo soy muy correcto. Vale.

Juan

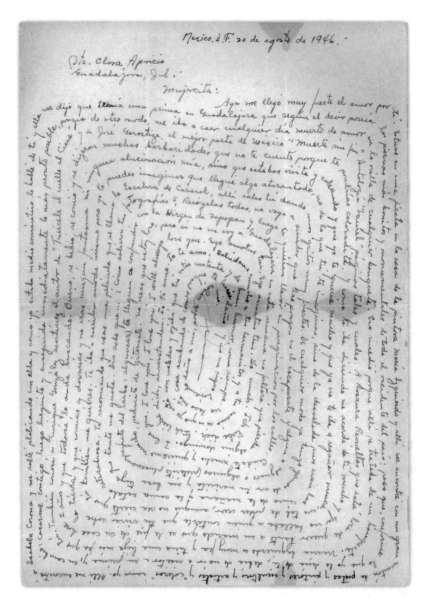

Original de la carta IX, fechada el 20 de agosto de 1946.

# X

Mujercita:

No pudimos salir el domingo por falta de gasolina y no fue sino hasta las doce de la noche del lunes cuando llegamos a ésta. Yo creo que me voy a regresar antes de lo que esperaba, pues ya está por arreglarse el asunto. Ya te platicaré después en qué consiste el ofrecimiento que me hicieron.

Dime cómo están los niños y si los has envuelto bien a bien ahora que comienza a hacer frío. Dime también cómo están esos ojos tuyos tan bonitos que con esta hora en que escribo ya van 48 horas que no los veo, o sea 2,880 minutos, o 17,280 segundos; y si ya les has enseñado a hacer nuevos gestos. Cuéntame también cómo se ha portado esa muchachita a la que quiero tanto. Este tipo tuyo se ha portado bien, o tal vez no ha tenido tiempo de portarse mal. Si se porta mal, yo te aviso.

Tengo entendido que he de haber dejado mi alma encargada contigo, pues aquí me siento sin ánimos de nada (ya ni de emborracharme me dan ganas), siendo que, antiguamente, yo andaba por estos rumbos caminando sin cansarme, de un lado para otro y como si me hubieran prendido un cohete de la cola.

No sé, a veces, cuando me pongo a pensar que tengo que venir a vivir aquí, siento un cosquilleo muy raro en el estómago (tú ya sabes que esas cosquillas son mi falta de decisión), y es que ya siento extraña la vida de aquí, o tal vez porque tú has hecho que Guadalajara sea lo que antes de conocerte no era para mí. Aunque... Y ahí está el aunque. Yo ya dije lo que tenía que hacer y lo haré, ayudando mi voluntad con tu voluntad, con tu preciosa voluntad, con tu maravillosa voluntad.

Sabes, estaba yo pensando hace ratito que tú eres como el mar... Bueno, pero esto no es una carta de amor, es una carta de negocios. Estoy tratando de resolver nuestro negocio, el tuyo y el mío, para que los dos tengamos algo que ganar, yo más que tú, porque yo te gano a ti, y tú, en cambio, sólo lograrás obtener a este muchacho desorientado y enfermo, no tan desorientado que digamos, pero sí muy enfermo de amor por ti.

Te ODIO, mujercita de mi alma.

Juan

# XI

*México, d. f. a 16 de febrero de 1947*

Mayecita:

Ojalá que esta carta te llegue a tiempo, pues lo que yo quisiera es que las tuyas me llegaran antes de tiempo y que fueran muchas y abultadas para poder hacer con ellas una almohada blandita y suave. Porque no sabes la falta que me hace el buen consuelo tuyo; ese consuelo que sabes dar únicamente con tenerte cerquita de uno, Boquita de Oro.

Como te decía ayer, ya volví a los viejos tiempos de la escuela. Me desayuné con dos manzanas y una coca cola, porque aquí también la gente sabe ser floja y a las siete de la mañana no hay quien le dé a uno su desayuno. Entré a las ocho a las clases. Me dieron un cuadernito y un lápiz y me contaron la historia del caucho. Eso de que quién lo descubrió y todo lo demás. Ahí tienes tú y todos tenemos que en el Brasil hay unos árboles muy llorones que lloran lágrimas de hule. (Yo lloro también; pero yo lloro de un hilo, ya te mandaré un carrete lleno para que cosas las junturas de tus costillas y no se te salga ese gran corazón tuyo.)

Así pues, nos hablan de la goma con la cual le pondrían tapas a tus zapatos blancos, si tú antes no hubieras decidido

*48* Juan Rulfo

ponerles casquillos para que tronaran. RS-butil significa hule sintético. Eso te dicen, luego te llevan a ver las máquinas. ¡Cierra la boquita, Clara Angelina! Cientos de máquinas por aquí, y por allá otro tanto, y un puro ruido y por donde quiera pedazos de hule crudo que parece carne de vaca recién destazada. Te dejan parado allí, frente a una de esas mentadas máquinas y te preguntan enseguida: queremos que nos diga qué cosa es esto (así) y tú no puedes decir que es un elefante, tienes que hablar seria y reposadamente sobre lo que está enfrente de ti. Bueno, tú dices: es una máquina tal por cual que se mueve por un motor de quién sabe cuántos caballos. Tú dices caballos y no mulas; pero ellos no están contentos: quieren que les digas por qué se mueve y para qué se mueve. Ahora dime si esto no es ir de vuelta a la escuela, con los mismos sustos y el mismo miedo de no saber la lección. Señorita Aparicio, dígame qué es un acuse de recibo, una letra de cambio, una bonificación; dígamelo usted sin tartamudear, señorita Aparicio. Pero la señorita Aparicio estaba pensando en los mazapanes de cacahuate y le entra en la cabecita chula que no se acuerda; entonces, le suelta en los ojos del profesor una media sonrisa, una de esas sonrisitas suyas que parecen un baño tibio y dulce después de una desvelada, y al profesor se le olvida lo que preguntó. Aquí a estos tipos no se les olvida.

Pero volviendo a otra cosa, ayer se me olvidó decirte dónde vivía, pues con eso del gusto que me dio oírte hablar se me pasó por completo. Por otra parte, no creo que vaya a estar aquí, en Bahía de Santa Bárbara 84, lo que yo calculaba. Aunque son personas conocidas y amigos de la casa, me siento como un extraño entre esta gente extraña. No es que se porten mal con tu muchacho, pero hay que estar estirado y hablar a cada rato del tiempo: que si hizo frío en la mañana y calor al mediodía, etc., etc., o le hacen a uno preguntas de sus antepasados; como esa de que cuánto hace que murió tu abuelo y cosas por el estilo. Por tal motivo estoy tramando ir a vivir a otro lado que no esté muy lejos de aquí, pues lo que me conviene es estar cerca de mi trabajo. Después, cuando me aumenten el sueldo (ya pedí aumento de sueldo, "hazme favor") y si el asunto marcha bien, buscaré de una vez un departamento para comenzar a comprarle siquiera una silla, y así, cuando tú vengas a visitarme para toda la vida, tengas al menos dónde sentarte y no digas como aquél que decía: "Nadie me quitará mi silla porque yo no tengo silla".

Te ruego, pues, me escribas al domicilio arriba citado; yo te avisaré en cuanto resuelva cambiarme a otro lugar.

Yo me he portado bien. No me he emborrachado y siempre que se trata de caminar camino derecho. No he dicho sino unas cuantas malas palabras; la gente con quien estoy no se presta para decir malas palabras. He tenido malos pensamientos, pero poquitos. He dicho una que otra mentira, pero a gentes con quienes no tenía ganas de platicar. Tú me has hecho mucha falta… me sigues haciendo falta… me seguirás haciendo falta.

Dios quiera que todo salga como tú lo deseas. Dios quiera que me quieras siempre como Él sabe que yo te quiero.

Salúdame mucho a tu mamacita y a Gloria y a Chelo-Chela, deseándoles a todos muchas felicidades en cada uno de todos los días. Y tú, Boquita de Oro, recibe el abrazo más apretado que jamás te hayan dado y todo el tremendo cariño que te tiene mi corazón.

Juan

P. D. La semana entrante te mando los retratos.
Que Dios te bendiga, chiquitina.

Espero que me regañes por escribirte quejidos en lugar de hablarte del amor que te tengo, pero es que la forma como me siento tenía que decírsela a alguien. Y tú naciste para que yo me confesara contigo. Quizá más tarde te cuente hasta mis pecados.

Ojalá estés bien y tan bonita como ninguna (iba a decir: como siempre, pero me acordé de que a veces te pones muy fea, por ejemplo cuando me regañas). Y que todos en tu casa etc. etc.—

Tu cariñito sabe, recibe todo el amor, del que mucho te quiere y del que espera quererte más. Y un abrazo enorme y lleno de ternura y muchos besos, muchos, del que quiere te amará siempre.

P.D.
Esta carta no te la iba a mandar por lo triste que está. Pero debido a que otras dos que había hecho también eran igual de tristes, opté, para no tardar más en escribirte en enviártela tal como estaba. Te recomiendo no me hagas mucho caso, pues soy muy amante de quejarme.

Tu muchacho

Última página de la carta XII, fechada a finales de febrero de 1947.

# XII

*Méx. a fines de febrero de 1947*

Mayecita:

Ellos no pueden ver el cielo. Viven sumidos en la sombra, hecha más oscura por el humo. Viven ennegrecidos durante ocho horas, por el día o por la noche, constantemente, como si no existiera el sol ni nubes en el cielo para que ellos las vean, ni aire limpio para que ellos lo sientan. Siempre así e incansablemente, como si sólo hasta el día de su muerte pensaran descansar. Te estoy platicando lo que pasa con los obreros en esta fábrica, llena de humo y de olor a hule crudo. Y quieren todavía que uno los vigile, como si fuera poca la vigilancia en que los tienen unas máquinas que no conocen la paz de la respiración. Por eso creo que no resistiré mucho a ser esa especie de capataz que quieren que yo sea. Y sólo el pensamiento de trabajar así me pone triste y amargado. Y sólo el pensamiento de que tú existes me quita esa tristeza y esa fea amargura.

Ahora estoy creyendo que mi corazón es un pequeño globo inflado de orgullo y que es fácil que se desinfle, viendo aquí cosas que no calculaba que existieran. Quizá no te lo pueda explicar, pero más o menos se trata de que aquí en este mundo extraño el hombre es una máquina y la máquina está considerada como hombre.

Pero te estoy contando cosas que nada tienen que ver contigo, y esto no es legal. Tardé hasta ahora en encontrar un sobre para enviarte tus fotografías. Pues en la chamba nos sueltan a las cinco de la tarde y de este lugar donde vive, muriéndose a cada rato, el muchacho encariñado de ti, queda lejos el centro. Y el centro lo cierran a las cinco. Así es la cosa. Saqué más copias de cada una de las tres fotos que te mando, pero no te envío sino una de cada una por puro miedo a que te sueltes repartiéndolas entre la bola de novios que tienes. Las otras, las que tú escogiste, tal vez pasen algunos días antes de que me las entreguen.

Por otra parte, no me puedo imaginar cómo una niña tan menudita puede HACER UNA LETROTA TAN GRANDE..., al escribir una carta. Eso es hacer trampa.

Sin embargo, tu carta me dio un enorme gusto. Puse las dos manos para recibirla y la leí con mis dos ojos y luego la volví a leer porque hay algo allí que a mi corazón le gusta. Hay algo en todo lo tuyo que a mi corazón le gusta mucho. Y tú sabes que a este corazón que yo te he regalado hay que darle gusto.

Acuérdate que tú eras quien me daba manzanas y no yo. Acuérdate que fue Eva la que le dio un cachito de manzana al señor Adán y de allí nació esa costumbre que tiene la mujer de dar manzanas.

Yo aquí no he ido al cine. El cine sin ti no sirve. No hay ni siquiera el gusto de llegar tarde y no encontrar asiento. Esos líos eran suaves y casi nomás por eso valdría la pena volver allá.

No me he cambiado de casa todavía, pero creo que lo haré el mes que entra. Buscaré una casa donde haya pájaros aunque sean como los que tú tienes, que casi ni cantan, ni brincan, por lo viejitos que están, pero que al fin sean pájaros. Yo creo que si tú me gustas tanto es por eso, porque hay algo de pájaro en ti; pueden ser los ojos o puede ser esa boca paradita tuya, que yo tanto quiero.

No he salido tampoco a ningún lado, aunque estos dos domingos que me he pasado aquí fueron unos días buenos para ir a darle una visitadita al Ajusco o para ir a saludar al Popo, que parece sentirse igual de solo y abandonado que este muchacho atarantado que te quiere querer más de lo que todavía te quiere.

He ido a visitar al tío David y a la tía Teresa; a la tía Julia y a los hijos de la tía Julia, entre los cuales está Venturina, la que ya conoces; al tío Raúl y a la tía Rosa... A todos ellos les he enseñado tus retratos. Me han preguntado que de dónde eres. Y es que no imaginan que aquí, sobre este grande y ancho mundo, pueda nacer y crecer y vivir una cosita así tan fea y tan horripilante como tú. No lo pueden creer y es que han dejado de ser como niños, y dejar de ser como niño es ya no creer en los angelitos de Dios. Eso les pasa.

"Volver a empezar." Cuánto me gustaría estar allá, y volver a empezar de nuevo a conocerte y a vivir allí, pero sin miedo, sin dificultades ni ningún temor de perderte.

Y es que aquí la vida no es nada blandita. Es como si de nueva cuenta también estuviera uno comenzando a vivir. A veces me imagino que desde que llegué a esta ciudad he estado enfermo y que no me aliviaré ya jamás. Y me siento como si me arrastrara la corriente de un río, como si me empujaran, como si no me dejaran ver hacia atrás.

Sabes, Chachinita, yo pensaba zafarme de la Goodrich. El puro pensamiento me hizo sentirme más tranquilo; pero han hecho las cosas de tal modo que me resulta imposible hacerlo. Me tienen como rodeado por una cadena de parientes, cada vez más, y como si sólo todo su trabajo consistiera en ocuparse de mí. Y ahora sé por qué antes no me gustaba pedir favores, y es que no me gusta aceptarlos.

A veces quisiera que todos ellos me dejaran en paz, que no me hicieran sentir la confianza de que en cualquier momento me ayudarían. Que me dieran a entender que no contara con ellos. Así me dejarían solo. Quizás yo solo, sin atenerme a ninguno, sabría ya lo que tendría que hacer. Y tal vez, únicamente con tu ayuda, tal vez, encuentre el camino que me permita hacer lo que debo hacer.

Después de mi madre, a la única a la que tengo que agradecer lo que ha hecho por mí, es a ti. No quiero tener a nadie más a quien agradecerle nada. Me siento mejor de ese modo, sabiendo que no debo favores. Me siento menos miserable y menos desesperado, conociendo que no tengo que contentar a mucha gente. Ése es mi modo de pensar, muchachita grande. Pero la realidad es distinta. Es dura y lo hace a uno sentir su dureza y conformarse, si uno no quiere volverse loco tratando de encontrarle una salida.

Lo que te estoy explicando es el ambiente en que vivo desde que entré en la fábrica. Nunca había yo visto tanta materia junta; tanta fuerza unida para acabar con el sentido humano del hombre; para hacerle ver que los ideales salen sobrando, que los pensamientos y el amor son cosas extrañas. Por esa razón te pedía yo consuelo, pues eres la única que puedes dármelo, para sentirme más conforme; para dejar de rebelarme contra todo lo que se opone a mí mismo. Yo te pedí ayuda una vez y ahora la necesito, pues estamos luchando por los dos, para hacernos nuestro propio mundo, el que yo sé que existe, porque ya he vivido en él. Un mundo donde no infunda uno temor a nadie ni se haga uno odioso. Y eso tú y yo lo podemos hacer.

Esta carta es hija de un coraje muy grande que me hicieron pasar ahora. Más tarde te contaré en qué consistió ese coraje. Pero lo que me hizo sentir es lo que te cuento. Y mi conclusión es que uno debe vivir en el lugar donde se encuentre uno más a gusto. La vida es corta y estamos mucho tiempo enterrados.

Espero que me regañes por escribirte quejidos en lugar de hablarte del amor que te tengo, pero es que la forma como me siento tenía que decírsela a alguien. Y tú naciste para que yo me confesara contigo. Quizá más tarde te cuente hasta mis pecados.

Ojalá estés bien y tan bonita como ninguna (iba a decir: como siempre, pero me acordé de que a veces te pones muy fea, por ejemplo cuando me regañas). Y que todos en tu casa etc., etc.

Tú, cariñito santo, recibe todo el amor del que mucho te quiere y del que espera quererte más, y un abrazo enorme y lleno de ternura y muchos besos, muchos, de quien te amará siempre.

Juan

P. D. Esta carta no te la iba a mandar por lo triste que está. Pero debido a que otras dos que había hecho también eran igual de tristes, opté, para no tardarme más en escribirte, por enviártela tal como estaba. Te recomiendo no me hagas mucho caso, pues soy muy amante de quejarme.

Tu muchacho

# XIII

*Méx. 1er. domingo de marzo de 1947*

Chiquitina:

Ya estoy más calmado. Ya puedo hablarte con tranquilidad después de la carta tan enredosa que te escribí. Me hicieron enojar mucho. Eso fue. Pero ahora ya no estoy enojado con nadie y me siento otra vez bueno. Claro está que no tan bien como me sentía cuando podía verte y platicar contigo, pero sí mejor que en días pasados.

Lo que ocurrió fue que la fábrica me hizo ver un mundo muy negro. Y sólo el pensamiento de estar allí siempre me hizo sentir muy bajita la idea de la vida. Entonces fue cuando se me ocurrió rebelarme. Dejar ese trabajo y echar pleito con mis parientes. Hice las dos cosas.

Te estoy contando algo que hice el lunes pasado. Ahora es domingo. Al dejar la fábrica, no te sé decir por qué, pero me sentí aliviado. Pensé quedarme callado, presentarme en la Secretaría de Gobernación y dejar que pasaran los días. Sólo a ti te lo iba a contar; sin embargo, los parientes se enteraron y me mandó llamar Edmundo.

Te prometí explicarte este asunto y ahora lo hago. Pues bien, Edmundo Phelan Rulfo me llamó y me preguntó que qué había pasado conmigo.

Yo le dije que sólo pensaba darle las gracias por el trabajo allí en la fábrica, pero que no tenía intenciones de seguir. No me siento a gusto, le dije. Nada más.

Entonces él me dio algunas explicaciones de los distintos departamentos que había en la fábrica mentada. Que si no me gustaban las máquinas había en cambio el departamento de Contabilidad; el de Publicidad; el de Ventas, etc., etc. Que podía decidir en cuál de todos me gustaría trabajar. Yo iba ya a decirle que en ninguno. Pero me acordé de alguien. Y esa criaturita me hizo ver las cosas claras. Le dije que en Ventas. Pudiera haber dicho que en cualquiera; con todo, dije que en Ventas, y estoy aquí, en Ventas, vendiendo llantas. Un lugar que se parece más a este mundo.

Así que si acepté de nuevo volver a Goodrich-Euzkadi estoy convencido de que no fueron "ellos" (mis parientes) los que me llevaron otra vez a la realidad; no, no fueron ellos. Fue otra gran voluntad, extraña a ellos, la que me obligó a hacerlo. Esa gran cosa con cara de voluntad se llama Clara. Pero tú no la conoces, únicamente conoces de ella la manera como anda vestida; pero lo que te falta conocer de ella es el corazón; la sangre que se le amontona en el corazón y lo golpea a uno —aun si uno está lejos de ella— con golpes que duelen.

Ojalá esta carta sea el principio de una serie en la cual ya no tenga nada por qué quejarme, pues no está bueno que la mujercita que yo quiero tanto sirva de paño de lágrimas de cualquier tipo chamagoso como éste. Procuraré no tomar tan en serio muchas cosas de este mundo chistoso.

Tú y yo somos un mundo aparte. Al menos para mí, tú eres mi mundo. Espero escribirte más seguido ahora que estoy sentado y que tengo la conciencia más tranquila.
Espero quererte más cada día
cada noche
cada hora.

Espero que tú, que tienes labios de cielo, le pidas a Dios que nos ayude y que no nos llene de piedras el camino, y que llegue a merecerte, muchachita fea.

Muchos de "aquéllos" para ti. Y acuérdate de este muchacho aunque sea cada parpadeada que des.

Con todo mi aborrecimiento.

Juan

P. D. Ya tenía esta carta dentro del sobre cuando llegó la tuya. Mucha ternura tuya, chachinita.

Hoy te contesto.

Tu Juan

# XIV

Mujercita:

Yo ya sabía que tenías el alma transparente, así que no me extrañó me hubieras escrito en ese tono dulce y suave que es el que tienes tú desde que te levantas hasta que te acuestas y aun cuando estás dormida. Eres una gran cosa, chiquilla, no cabe duda de que de todas las cosas pequeñas que hay sobre la tierra eres la más pequeña y la más fea que existe. Me gustaron mucho esas hojas escritas que me mandaste. Ojalá siempre sea así. Y lo único que me duele es no estar ahí para darte lo que te mereces.

Esa carta tuya, maye, esa carta tuya, es de las que hacen cerrar los ojos.

Clara Angelina, esto hay que escribirlo con letras grandes: CLARA ANGELINA.

Aquí ya se van componiendo los asuntos. Ya es de otro modo. El sol sale todos los días, y los cerros de los alrededores se ven despejados. A lo único a lo que todavía no me acostumbro es a las madrugadas (tú sabes lo tempranito que yo me levantaba en Guadalajara, casi siempre a la pura salida del sol). Me cuesta trabajo creer que las noches sean tan cortas y el sueño tan largo. Me habían dicho que las primeras horas de la mañana eran tonificantes. Es pura mentira. Aquí el cielo amanece ceniciento y lleno de humo, y sólo por las noches se ve limpio y estrellado como tus ojos. Me dices que vaya a mis "caminatas" como siempre. Que me divierta hasta que se me truene la cuerda; pero la cosa es que, con tanto tiempo que estuve fuera de aquí, perdí todas mis viejas costumbres. Además, tú me enseñaste la mala costumbre de andar contigo y ahora me siento medio extraño entre otras gentes. Algo así como si estuviera perdiendo la memoria. Me dices que estás mucho más chula que en las fotografías y eso sí es cierto (muchachita presumida). Porque tú sabes que el cielo es muy bonito, pero si se lo retrata no sale sino una cosa que no se entiende. Y estoy de acuerdo contigo en todo, menos en eso de lo hermosa que estás, pues yo sé y todos sabemos que eres la chachinita más horripilante que habita este ancho mundo.

Te voy a dar un consejo antes que nada: no te enamores nunca, porque duele; duele aquí donde la gente dice que tenemos el corazón. Y a mí no me gustaría que sufrieras, antes por el contrario, que fueras feliz siempre, por todos los siglos de los años eternos. Amén.

Ahora los chismes: me inscribí en un Club Alpinista "Everest". El domingo vamos al Ajusco. Aquí se acaba de formar un grupo llamado "Concordia", no creas que porque todos estén de acuerdo, sino porque se reúnen en el restaurante Concordia. A ése pertenece tu muchacho. La mayoría son literatos más locos todavía que yo. Entre ellos está un tal Garizurieta, que fue diputado y que actualmente está escribiendo un libro que se llama "La Sociología del Arrimado". A ese sujeto le dicen el Tacuache y le simpatiza estar relajeando. Fíjate que uno allí se estaba tomando un Ice Cream Soda muy espumoso, y el Tacuache le dijo que eso no se tomaba con popotes sino con brocha de rasurar. Además, aquí te encuentras con cada tipo que da miedo. El otro día se me topó uno que vendía chicles nylon y cigarros. Antes que le dijera nada me habló sobre las teorías de Kant y luego me recomendó fuera a estudiar a la Facultad de Filosofía.

Por otra parte, me da coraje no poder haberte visto estrenando el traje nuevo en medio de las calles sucias, ahora que fue Alemán. Aquí también tuvimos la visita de Harry; pero no hubo mayor alboroto.

Está muy bien la idea que tienes de ir a Chapala en lugar de ir con la gente que te cae mal, para la Semana Santa. En cuanto a eso, aquí extienden dos turnos de vacaciones, uno para Semana Santa y otro para Navidad; yo tendré que hacer toda la lucha porque me corresponda el primero para ir a ver a esa cosa. Por otra parte, ya es justo que me den vacaciones después de lo mucho que he trabajado. Si es así iré contigo enseguida.

Te voy a rogar no dejes de saludarme a tu mamacita y a tus hermanotas las bonitas. Y cuéntame si no se te han muerto tus pájaros y cómo está tu perro y si ya creció tu gato travieso.

Tú recibe el cariño todo y todo el amor y todos los pensamientos de quien te aborrece con el alma.

tu Juan

# XV

*Méx. D. F. jueves 13 de 1947*

Mujercita:

Volviste a hacer trampa. Es muy cierto que tu carta no sólo vale por dos, sino hasta un rengloncito vale más; pero, "hazme favor", ¿de dónde sacas esa letra tan grande? Me vas a dar a entender que de pura flojera y no lo voy a creer. Porque no eres tan floja como crees que eres. Lo que pasa es que tienes todos los diablos dentro; pues ahora se te ocurre escribir una carta con todas las leyes: espacios anchos a uno y otro lado como si fueran versos; luego U N A   P A L A B R A   E N   C A D A   R E N G L O N, rete alargada. A veces imagino que me escribes cuando estás acostada. Esto es una regañada que te estoy dando. No te rías, que es cosa seria. Tengo en estos momentos la frente muy arrugada y los ojos colorados.

Otra:

No te andes juntando con gente que lo desilusiona a uno con eso de la experiencia. Yo he descubierto que nadie conserva la experiencia. Según se vive, van encontrándose las dificultades, y el trabajo consiste precisamente en echarse esas mismas dificultades a la bolsa. Luego, cuando uno ha recorrido parte del camino se topa con más tropiezos, hasta que las dificultades ya no caben en ninguna bolsa. Entonces dice uno que tiene guardada mucha experiencia y uno se suelta repartiéndola a los demás, no porque a los demás les sirva, sino para aligerarse de su peso.

Pero a uno le gusta que le den y dar consejos a veces, porque uno quiere aliviarse, compartiendo con alguien las lastimaduras de uno mismo.

Y yo creo que la única radicación fenomenológica de la sístole y la diástole y de todas sus concomitantes radiales en su estructura psíquica, recurren a la experimentación propia del inconsciente y en sus manifestaciones vitales, ya extravertidas o introvertidas, contienen la causalidad del sujeto.

Como ves, es sencillo meterse en líos; lo difícil es salir de ellos: Sure, that you and me believe in God signatures, and in the advise of the persons who, as your mother, are in exact terms of life circumstances. Because you are a pretty little thing, and a grimace, you will know that truth is in those things. That is all. The rest is that I will love you for every year of time. And 'til the end of time.

Otra:

Me da pena decirte que todavía te quiero y que, por lo que veo, este amor que te tengo va para largo.

También tengo la pena de manifestarle que estoy muy enamorado de una criatura re fea y re chamagosa, que por cierto me tiene vuelto loco debido a motivos personales. Uno de esos motivos es que a mí siempre me han gustado las cosas feas. Desde que era chiquillo me gustaba que me asustaran. Me daba por andar en lo oscuro por ver si de repente salía algo horripilante que me hiciera sentir miedo. Eso me alegraba. Por tal razón, cuando la encontré a ella, pensé en lo bueno que sería vivir asustado siempre, día por día, con esa cara de chamuco que, con sólo verla, lo hace a uno sentirse feliz. Yo nunca te he platicado nada de cuando era joven. A ver si poco a poco logro contarte algo.

De lo que me dices, no saber todavía a dónde vas a ir a bañarte, estoy pensando que no se te ocurra irte muy lejos, pues yo quiero verte ahora en vacaciones, quiero verte.

Chachinita querida: a más tardar el día 30 me daré ese gusto, si Dios lo permite. Y estoy por decir que sí lo permitirá, pues ya son muchas mis miserias para que me impida ir por el remedio.

De vez en cuando pienso en ti. Por variar. Pues tú sabes que en la variación reside el gusto por la vida. A veces te imagino cuando vas a tomar el camión para tu ofis, siempre a las carreras. Y lo seria que pones la cara arriba del camión, como si fueras mi mamá o algo por el estilo. A veces, cuando estás en la cocina robándole la comida a Melquisedec. Cuando vas a confesarte. (Yo siempre he dicho que el padre debía confesarte a ti sus pecados.) Cuando estás corajuda. (Bueno, casi no me acuerdo de cómo eres cuando estás corajuda.) Cuando me dices que te caigo mal. Etc., etc.

Este muchacho te ama. Créeme lo que yo te digo. Yo lo conozco bien y sé cuando quiere de veras. Y esa nenita tonta es para él lo más hermoso que existe. Así están las cosas.

Por otra parte, cuando haga algo malo, yo te lo diré enseguida. Me van a publicar un cuento en una Antología de Cuentistas Mexicanos, "Nos han dado la tierra". Yo les había entregado otro que se llama "Es que somos muy pobres", pero lo encontraron subido de color. No sé por qué me salen las cosas tan crudas y tan descarnadas, yo creo que porque no están bien hervidas en mi cabeza.

Mayecita: quisiera estar abrazado un rato a tu cuerpecito para sentirme bueno. Y esconder la cara entre tus cabellos y llorar un poco allí para ver si así se me acaba la angustia. Así están las cosas.

Por ahora, sólo te ruego que me saludes a mi corazón. Tú recibe muchos y muy grandes abrazos de quien quisiera quererte más y .........................................................................................
................................................. de tu muchacho.          Juan

# XVI

*México, D. F. 21 de marzo de 1947*

Querida mujercita:

Te estoy agradecido por tus pensamientos; también por tus intenciones y por tus ruegos, pero más que nada por tu cariño. Pues a veces creo que ya estás aprendiendo a quererlo a uno y que, algún día, Dios mediante, dejará uno de caerte mal. Yo siempre supe lo difícil que era llegar hasta tu corazón. Antiguamente llegué a pensar que era imposible, pero tenía fe en ti; sabía, en el fondo, que eras buena; que con el tiempo podrías comprobar que el cariño que yo sentía por ti era de esos amores buenos y sinceros que uno trae ya desde su nacimiento por alguien. Y como te lo expliqué un día: cuando te vi pequeñita y pelona con tu cara de quiebraplatos, allá hace cosa de cuatro años, supe enseguida que eras tú la cosa que yo andaba buscando. Date cuenta.

Y desde entonces he estado pensando en ti constantemente, como si fueras un hermoso sueño que no se acabará nunca, hasta que yo deje de vivir. Luego vino ese sentimiento, que no me ha abandonado todavía, de que yo era un pobre diablo y de que tenía que luchar mucho para defenderme de mí mismo. Pues yo no te quería entregar un corazón enfermo como el mío y un espíritu (muchos dicen alma) cansado de tanto andar solo por el ancho mundo. Pues yo, y esto no te lo he contado todavía, desde que yo me acuerdo, siempre fui un sujeto dado a estar solo; ni cuando era chiquillo me gustó andar con los demás, jugaba a los juegos que se usan entonces, pero pronto me cansaba y entonces me sentaba en una silla y me ponía a leer lo que encontraba primero y allí me estaba lee y lee día y noche hasta que me apagaban la luz. Esto me hizo daño. Yo sé que me hizo daño para la vida. Uno tiene su vida interior formada desde los primeros años, y al fin un día se encuentra uno con la vida de afuera y la halla uno llena de problemas y complicaciones y uno no está bien preparado para eso. Así pues, no creas que leer desde entonces me hizo inteligente, no, me hizo más bartolo. Me concentré en mí mismo y vivía por dentro, porque le tenía miedo al mundo. Eso hubiera estado bien si yo no hubiera salido de mi pueblo, pero tú sabes lo vago que soy. A estas piernas flacas que tengo les gusta caminar y se soltaron caminando. Fueron y vinieron y yo sigo igual, teniéndole algo de temor a la gente. Digo algo, porque tú me has sacudido un poco el polvo; es decir tú, a través del amor que le has despertado a uno, me has hecho menos temeroso de enfrentarme con las cosas y los trabajos de los días entre un mundo de gente extraña.

Y yo sé que si hubieran vivido tus suegros todo fuera de otro modo. Pero ellos me dejaron solo y, quién sabe si para bien o para mal, eso me formó ciertas defensas. La vida está como empañada cuando uno no tiene a nadie. Y ese mundo interno del que te hablo fue quizá mi defensa para soportarla.

Luego viniste tú. Es decir, yo fui a donde tú estabas. Y aquí viene lo bueno. Los ejércitos del alma y los ejércitos del corazón se declararon la guerra. El alma quería estar tranquila, pero el corazón estaba muy alborotado. Este corazón mío te quería. El alma también. Sin embargo, tú sabes cómo es el alma, le gusta que todo transcurra en calma, sin sobresaltos, serenamente, y el corazón, por el contrario, es muy caprichudo (como tú). Lo cierto es que el corazón quería irse contigo, sin pensar, sin calcular nada, como un ciego detrás de la luz; pero el alma le decía que había que hacerlo pausadamente. Estaba de acuerdo en todo, menos en la precipitación.

Pero luego resultó que tú empezaste a darnos aquella lección de paciencia que duró tres años. Y al alma tampoco le gustó. Hizo una alianza secreta contra tan larga espera y contra tamaña incertidumbre. Y cuando al fin abriste la cajita donde tenías guardada la ternura y me dejaste asomar allí, todo se compuso.

Ahora es diferente, ojalá que sea diferente. Lo que te estaba diciendo desde hace rato, en relación con el sentimiento de estar solo, es lo que no quiero que se interrumpa.

Habíamos quedado en que te había encontrado a ti y en que esa chachita había sido una esperanza para sentir de otro modo la vida. Por esa razón te pedí tu confianza; más que otra cosa era tu confianza lo que yo quería. Algo me decía que en ella yo podría hacer las cosas a las que mi ánimo se negaba. Y la ocasión en que te pedí que me ayudaras, lo hice como se pide una cosa que nos hace mucha falta. Yo te expliqué muy bien en qué consistía esa ayuda; por encima del cariño, por encima de todo, quería la seguridad de la verdadera amistad y del compañerismo. Que tú seas una compañera, una amiga; que sepa uno que no está batallando solo sino que hay alguien junto a uno que lo ayudará. Yo te expliqué que eras tú la única persona en este mundo capaz de ayudarme a defenderme de mí mismo. Porque eres la única cosa por la cual yo lucharía. Ahora bien, no debes de dejarme en paz. Porque cuando siento que quiero estar en paz es cuando tengo la tendencia a dejar que el mundo camine por su cuenta y que pase todo sin importarme a mí nada. Y yo sé cuáles son mis debilidades.

Contra esos debilitamientos te necesito. Te seguiré necesitando siempre hasta que logre borrar muchos años de desidia y de sueños.

Tú eres ahora mi sueño. El mejor y el más hermoso de mis sueños. Un sueño que se puede tocar; que tiene ojos que lo miran a uno y boca tibia y dulce que lo hace a uno amar más la vida. Que tiene corazón y un alma noble y amiga en quien uno puede poner toda su fe.

Salúdame a ella.

Mírate frente al espejo y di: te manda saludar y abrazar y besar mucho aquel pobre muchacho que te quiere tanto,

tu Juan

yo                                                                                          más

Clara Aparicio en 1944.

# XVII

*Méx. D.F. 11 de abril de 1947*

Mujercita:

Como te conté antes de salir de ésa, que llegando aquí me iba a enfermar de nuevo, así fue. Ayer me levanté de la cama más atarantado que una tortuga. Lo que más me preocupaba era no haberte podido escribir y hasta sudaba frío pensando en que tú tal vez creías que ya te estaba olvidando. Pero no, chiquilla, no me olvido ni un momento de ti. Nunca jamás me olvidaré de ti. Pues dime, ¿quién más tiene esas cosas que tú tienes?, ¿esos ojos y esa boca tuya tan quién sabe cómo, quién más puede tenerlos? Nadie más. Y mi cariño, ¿a quién se lo di a guardar yo, sino a ti?

Pero la cosa es que yo estaba enfermo y me sentía muy quebrantado. Y esto quiero que me lo perdones: el estar enfermo; porque tú sabes cuán egoísta se hace uno y cuánto se piensa en uno mismo cuando se está enfermo. Y lo lejano que se ve todo lo demás. Aun a las personas que más queremos se las siente lejos, quizá porque los huesos de uno están llamándonos la atención a cada rato con sus dolencias. Por eso quiero que me perdones el haberme enfermado y, por lo tanto, haberme dedicado a mí mismo todos estos días. Aunque el culpable de todo es mi estómago (ya necesito comprar uno nuevo), de cualquier manera algo de culpa tengo yo. Ese estómago, sabes, no se quiso componer bien a bien. Me dejó descansar unos días mientras estuve allá en Guadalajara, tal vez porque pensó que no era justo descomponerse tanto, cuando estaba enterado de que yo había ido a verte, siendo que me había robado varios días, teniéndome encerrado, mientras él se ponía sus moños. Entonces ha de haber dicho que no era justo estar intranquilizándome constantemente y pensó: vamos dejando en paz por un rato a este muchacho para que pueda ir a ver a la dueña de la ternura, pues después se va a enojar mucho y no nos dará ningún remedio si se le acaba el tiempo y se va a México sin verla. Vamos dándole uno o dos días y después, cuando ya no tenga él apuración de ver a nadie, volvemos a decirle que no se ha aliviado todavía. Y dicho y hecho. Llegando a esta tu santa tierra, en cuanto nomás, las tuercas del estómago se desatornillaron.

Pero ahora ya están en su lugar.

Lo que todavía no se me olvida es haber llegado a Guadalajara de ese modo desquiciado en que llegué. Yo esperaba, en cuanto estuviera allí, ir a verte a tu casa y meterme de rondón entre tus brazos y estarme allí mucho tiempo, mucho tiempo, hasta que tú me dijeras que te caía mal o algo por el estilo. Esperaba también ir a Chapala con ella y verla divertirse y contarle la historia de lo mucho que yo la quería. Pero ya ves, no se pudo. Y todo por mi culpa.

Sin embargo, ya no volverá a suceder. Le voy a dar a mi estómago lo que se merece. Lo voy a tener corajudo mucho tiempo no dándole de comer lo que a él le gusta. Y cuando me vuelvas a ver, no me vas a conocer de tan rechoncho como voy a estar. Ya verás cómo es eso lo que va a suceder.

Ahora salgamos de la oscuridad y vamos a ver cómo está el sol.

En esta vuelta que di te encontré muy cambiada: más seria, más bonita (no sé a dónde irás a parar si sigues haciéndote más bonita cada día; yo creo que a algún nicho de Aranzazú, ahora que van a necesitar algo para poner allí), más suave la mirada y más comprensiva y más amiga de uno. Total, estás todita echada a perder.

Si tú estuvieras sola, como yo lo estoy aquí, sabrías el valor tan grande que tiene para mí recordarte y conocerías lo que eso ayuda.

A veces me imagino que hace ya tiempo que te casaste conmigo y que estás de vacaciones allá en tu casa y que pronto volverás y entonces ya no me separaré de ti. A veces pienso eso. Así no me siento tan solo.

Por otra parte, aquí me hacen trabajar mucho y estoy contento de que así sea, pues eso también me hace sentirme menos solo. Cuando ya tenga que trabajar por ti, por esa cosita hermosa que eres tú, entonces me sentiré más contento todavía y no volveré a sentirme ya solo jamás.

Maye:

Ojalá tu mamá ya se haya aliviado del todo y que tus hermanas mujeres y tus hermanos hombres estén bien y que a tus hermanos palomos, canarios, gatos, perros y al perico de arriba no les haya pasado nada.

Además, te mando otra de tus fotos. En esta semana que viene te mandaré tu pluma, si es que ya está bien compuesta.

Además, te mando el pedazo derecho de mi corazón y el lado más bueno de mi alma. Si es que todavía tengo guardada allí alguna bondad.

Y mírate al espejo y di: te manda saludar aquél...

...Con todo mi corazón, Juan

# XVIII

Cariñito:

Acabo en estos momentos de recibir tu carta y, como siempre, me he quitado el saco, he prendido un cigarro y después de ponerme a gusto me la he leído de cabo a rabo; primero aprisa, luego despacio y después la he puesto en el lugar donde todos tenemos el corazón y así, abrazado con ella, me he dormido. Eso he hecho.

Ahora, ya despierto, pienso en lo que me dices.

Tú no debes de enfermarte, chiquilla; eso déjalo para gente como yo, viejo ya y todo cuarraco. Pero tú no debes. Tú tienes manera de cuidarte: tienes una mamá buena y eres la chiquis de todos. Cosa que a mí no me pasa. Además, si te enfermas sueñas pesadillas, porque soñar una cosa donde yo ando por allí es una mala pesadilla.

Me da pena que no hayas podido ir a Chapala. El año pasado pasó una cosa por el estilo, ¿no? Ya estuvo que Chapala no te quiere. Pero yo sí.

Y mucho. Te voy a decir cómo lo sé.

Siempre que tengo alguna ocupación, o estoy pensando en algo y de pronto me acuerdo de ti, oigo que mis pensamientos hablan y dicen: Clara. Eso sólo, ese Clara sin más ni más hace que se me estremezca el alma hasta las yemas de los dedos y me hace sentir que hay algo inmensamente bueno y hermoso en este mundo.

(Ahorita comenzó a lloviznar. Eso quiere decir que son como las tres de la tarde. Siempre, desde hace más de una semana, empieza a llover a la altura de las tres de la tarde.)

Ah, y como te decía arribita, ésa es nada más una de las señales. Pero tengo muchas. Y todas, cualquiera de todas ellas, me apagan la tristeza. Y lo que yo te quiero preguntar y lo que te he preguntado muchas veces sin que tú me hayas contestado todavía es lo que se siente cuando alguien lo quiere a uno tanto como yo estoy seguro de quererte a ti. ¿O es que me diste alguna yerbita? ¿Alguna flor de toloache, o alguna que sólo tú conoces? Me vas a decir la verdad, ¿no? Cuando hiciste tu primera comunión (aquí estoy viendo el retrato) prometiste no decir jamás una mentira, y ahora hay una oportunidad para que te acuerdes de esa promesa y me cuentes únicamente la verdad, sólo la verdad, y nada más que la verdad. ¿Qué jugo me diste? Porque este amor que te tengo ya pasa de lo puramente humano. ¡Oh!, yo sé que eres divina. En ratos. No siempre. Sólo en ratos. Pero no fueron ellos los que me enamoraron. Yo ya estaba enamorado desde antes. Ésa es la cosa. Además, mi corazón no era tan tierno. Más bien despiadado. Estaba acostumbrado a ser duro y despiadado y tú viniste y lo ablandaste y lo convertiste en algo así como de algodón y luego con la sola mirada (yo creo que fue sólo con eso) lo empapaste de ti, llenándolo de tu cariño. ¿Por qué estabas tú allí ese día en el café Nápoles?, y ¿por qué estaba yo también allí? ¿Y qué cosa fue la que me hizo saber que aquella chiquilla tonta llegaría a hacerse algún día la mujercita en quien uno pondría todas sus confianzas y todos sus bienes y sus males, aunque solamente fuera mientras durara la vida?

Yo antes creía que al corazón uno lo dirigía hacia aquí o hacia allá, según uno quisiera, y que podría ser manejado a capricho. Pero ahora sé que no, que ni siquiera es de uno. Que es de una muchachita que se llama Clara, que se lo robó de repente, una tarde en que estaba comiendo un platote de pozole en el café Nápoles. Ella lo hizo sin darse cuenta. Ajena a todo. Pero lo hizo. Allí se lo robó.

Yo lo único que hago es darle gracias a Dios porque al menos cayó en buenas manos. Y porque está a gusto allí con ella; y porque siempre lo estará si es que a ella no logra enfadarla. Eso es lo que hago.

Lo que pienso a veces es que tú eres la de la mala suerte, si es que este muchacho es lo que te va a tocar. Desde aquí te lo digo: perdiste en el volado. Yo gané; pero tú perdiste. Yo gané un tesoro enorme y tú sólo a este muchacho triste. A veces tengo miedo por ti. Sí, tengo miedo de que me vayas a olvidar cuando te enteres de que no valgo nada. De que el poco valor que tengo es la fuerza que tú me das.

Pero yo no quiero tratar este asunto. No lo quiero porque soy demasiado egoísta y porque te necesito y porque no te quiero para nadie sino únicamente para mí, aire de las colinas.

Y no quiero tampoco perderte. Estoy temeroso de eso. Siempre lo he estado. Una vez tuve intención de darte un beso (un beso desprevenido), recién pasado el "miércoles de ceniza", pero no lo hice por miedo de perderte; pensé que todavía no estabas preparada para dejarme que te besara. Y así siempre.

Yo quiero que tú te encargues de mí y de hacerme olvidar esos miedos.

Te vuelvo a mandar otro retrato; pero de más lejecitos.

Y lo que faltaba.

Lo único que desearía es estar cerca de esos labios tibios y dulces que tú tienes, muy cerquita, para poder decirte de otro modo lo mucho que te quiere tu muchacho.

Juan

Yo más  X  X  X  X  X  X  X  X  X  X  X

# XIX

Chachita:

Mírame bien. Ponte seria y mírame con tus ojos. No, no cierres ninguno. Mírame con los dos ojos tuyos muy abiertos. Bueno, no importa que no estén tan abiertos, y ahora dime: ¿Por qué me escribes tan poquito? Tus cartas apenas empiezo a leerlas y luego se acaban. ¿Qué te parecería que de una cosa que te gusta mucho te dieran sólo una probadita? Pues eso es lo que pasa con tus cartas. En cuanto comienzo a tomarles el gusto llego al final y casi siempre ese final está muy cerquita del principio. Y casi siempre, también, se acaban en lo más emocionante.

Yo creo que te voy a regañar, mujercita. Sí, estoy pensando que aquí voy a comenzar a regañarte, porque si no lo hago ahora, cuando aún es tiempo, después va a ser muy difícil que te corrijas.

A veces imagino que tus cartas son así por la prisa que te tomas en contestarme. En que quieres hacerlo enseguida como si estuvieras obligada. Pero yo no te obligo. Tú sabes bien que lo que yo quiero es saber de ti, y esto no implica que tengas obligación de hacerlo en cuanto recibes mis papeluchos. No, chiquilla, hazlo cuando y siempre que tengas ganas de platicarme algo, pero sin recortar tu tiempo. No importa que tardes tres días escribiendo ocho horas al día, no, no importa. No importa que yo dure leyéndote una hora o más, en lugar del medio segundo que me tardo con tus cartas tan pequeñas. Da coraje, ¿sabes?

Además, quiero decirte otra cosa: en tus cartas, generalmente en todas, hay una gran serenidad al decir las cosas que me gusta, porque sé que tú estás ahí. Es como si divagaras y dijeras lo que quieres decir, diciéndolo de la manera más suave y tranquila que yo conozco. Eso es a veces. Pero en otras te sales de tu naturaleza. Parece que comenzaras a calcular tus pensamientos, como si de pronto se te ocurriera que estás hablando con un extraño. Entonces ya no eres tú. No es ella, me digo yo. No, esta cosa escrita aquí no es para mí. Es para un fulano de tal, pero no para el muchacho que la quiere.

No puedes saber, nenita tonta, el gusto con que recibo y leo tus cartas. A veces cuento el tiempo que tardará en llegar de allá para acá.

Aun así, te estoy proponiendo algo que va contra la medicina que me sirve de confortamiento. Pero lo que quiero es que en tus cartas vengas toda tú, no en pedacitos. Entero ese corazón limpio que tienes.

No quieras decirme que así eres tú. No, yo sé que eres rete platicadora y, mira, a mí, pobre y miserable de mí, no me platicas nada.

Tal vez no lo hagas porque imaginas que alguien que no soy yo lee tus cartas, pero nadie las lee ni nadie las podrá leer. Ten esta seguridad.

Sabes, yo siempre he sido bueno para esconder las cosas de los demás, pero no las mías. Soy capaz de enseñar lo que yo escribo, pero lo que me escriben son cosas que guardo para mí solo.

Y siempre digo lo que pienso. Ten también esta seguridad. Me remuerde la conciencia querer ser lo que no soy. Aparentar que quiero a la gente cuando no es verdad o, al contrario, aparentar que no quiero a la gente que quiero. Me cuesta trabajo esconder mis sentimientos. Es una mala táctica. Pero a veces quizá sea buena. Quizás sea mejor para la conciencia de uno. Y esto es todo lo que nos queda y lo único que nos recuerda lo que hicimos. A veces pienso que quizá sea mi conciencia y no el amor que te tengo la que me mueve a obrar así. Con todo, estoy convencido de que eres tú, es la fuerza tuya la que se ha metido en mi conciencia, pues si no yo andaría todavía sin rumbo, de aquí para allá, faltándome la tablita que eres tú para sentirme aferrado a algo. Y si no fuera así, eso que yo llamo conciencia ya no existiría. Porque yo iba por el camino donde es necesario endurecerse para soportar las cosas. Por el camino que no va a ninguna parte.

Así pues, volviendo al principio, no te olvides de mi proposición: tú y yo somos lo mismo, con las mismas ventajas, las dudas y las inseguridades. Y para esto necesitamos de la confianza. Yo, por mi parte, confío mucho en ti y me siento agradecido porque dejas descansar en ti mis pesadumbres. Yo sé que tú no tienes eso, pero este amigo tuyo que te ama por encima de todo quiere saber: cuéntale de qué color tienes el corazón y pregúntale lo que piensa de mí. Y dímelo. Claramente, de ese modo tranquilo y pausado con que tú escribes y que a mí tanto me gusta cuando sé que estás tú allí.

De corazón, de palabra y de pensamiento, para siempre estará lleno de amor por ti.

Juan (el tonto)

Yo más.                                              Tú más.

# X X

*México, ∂. f. 9 ∂e mayo ∂e 1947*

Odiada mujercita:

Dime: ¿quién te dio ese corazón tan bueno si ya te había hecho hermosa? Dios nunca da esas dos cosas juntas. Y el diablo no las tiene. Así pues, queridísima chachina, ¿dónde conseguiste tantas cosas al mismo tiempo? Encontraste a los ángeles dormidos y les robaste algo. Y ese algo fue el corazón que ahora es tuyo. No puede ser de otro modo.

Ahora comprendo cómo sabía yo que había un resorte escondido y que, moviéndolo, se abriría una ventanita por donde uno se podría asomar a tu alma. Y tú no querías enseñar esa alma. Necesité ser injusto contigo, regañándote, cuando cuánto quisiera no tener nunca nada que decirte y por lo cual me entristeciera después.

Ahora me siento de otro modo. Ya no me siento pobre. Lo que tú representas para mí es el mayor de los bienes.

No puedes imaginarte cuán suavemente dices las cosas. (Repitiendo.) Cuán suavemente y dulcemente eres al decir lo que el miedo no te dejaba decir antes. Y yo que creía que era sólo yo el de ese miedo. No a ti, no, no a ti. A ti te dejé de tener miedo hace ya mucho. Desde que pude acomodar mi cariño en tus manos, desde que lo puse allí todo, desde entonces dejé de tenerte miedo. Por muchas cosas: porque me sentí contigo y porque encontré en ti la mejor y más buena amiga, aunque dolorosamente hermosa.

Digo dolorosamente porque me duele estar lejos de ti y no poder mirar lo que quiero.

Me dices que a veces piensas que ya no volveré. Y yo te digo que si existe para mí un único refugio, el primero y el último refugio que me queda, eres tú. Y hacia allí iré de cualquier modo, en cualquier momento, ya sea bueno o malo, hacia allí, donde tú estás, porque donde tú estás, criatura horriblemente fea, está lo único que me puede consolar o hacer mejor.

Y yo quisiera lograr ser medianamente bueno siquiera, para merecer el amor tuyo. No únicamente limitarme a quererte, sino mejorar, cada día ser mejor, sabes, más humildemente mejor para tu suave corazón. Estoy tratando de esforzarme para eso. Pero aun así, yo sé bien que el esfuerzo que hago no es suficiente. Que me falta más voluntad y dominio de este rebelde muchacho que yo soy y que es tuyo para siempre.

No pienses que si dejo pasar algunos días en escribirte es porque me olvido de ti. No, chachina. Dios sabe cómo me desespero y me revuelvo esperando encontrar un momento de tranquilidad para hacerlo. No descanso. No me dejan descansar. Salgo de la compañía con la cabeza nublada y llena de desorden. Que a veces me agarran las ganas de salir de aquí e irme a algún pueblo muy solo, donde no haya ruidos ni gritos.

Sí, muchachita, eso es lo que me pasa. Siento como si estuviera arriba de una balanza que subiera y bajara de un estado de ánimo a otro; a veces mirándolo todo con buenos ojos y a veces no. Pero a ti, teniéndote siempre enfrente, como un fin, como una cosa sin fin, difícil de alcanzar, equilibrando la balanza. Y entonces yo tengo que esperar a que todo se serene para poderte hablar con calma. Y que tú con tu recuerdo equilibres la balanza de mis ánimos.

Maye: estoy tratando de forzar mi cabeza para que encuentre una solución segura, con el fin de no perder la fe en mí mismo. Quisiera resolver ya pronto este asunto de los dineros. Encontrar la manera de que mi sueldo aumente pronto para caminar sobre esa base. Dios sabe y tú y yo sabemos también que desearía ser rico para saltar ese obstáculo y no preocuparme ya más. Pero tú sabes y todos nosotros sabemos que eso es imposible. Entonces, pues, necesito buscarle la solución a esto. Ahorita lo que gano me alcanza perfectamente. No me quejo por eso. Me quejo porque no es lo suficientemente bueno para reunirme contigo y no separarme ya más de tu lado. Y aquí la vida es dura, tremendamente dura. Y yo quisiera… no, chiquilla, no quisiera traerte para que te entretuvieras jugando con la pobreza. No quisiera eso para ti de ningún modo. Y aunque sé que no será mucho de lo que podamos participar tú y yo, al menos que sea suficiente. Yo le pido a Dios: que al menos sea suficiente. A pesar de que mi deseo sería poderte ofrecer todas las cosas de la tierra.

Y yo iré a verte entonces. Me pondré frente de ti y te diré: aquí estoy yo y aquí está esto, todo es tuyo. Y tú dispondrás de mí y de lo que soy como creas conveniente.

Y si me aceptas, a mi corazón se le nublarán los ojos como se le han nublado ahora al leer tu carta. Esta carta tan llena de ridiculeces que me has escrito, y en donde estás tú, sola tú, sin mezcla.

Cariño:

Desde que estuve en la escuela, de esto, como has de suponer, hace ya miles de años, desde entonces, allí, comenzó a formárseme el sentimiento de que estaba solo en la vida y de que nadie me quería. Llegué a llorar por eso, arrinconado en algún lugar oscuro. Y aunque tenía hermanos, estaba lejos de ellos, y tú sabes, por otra parte, que a esa edad los hermanos no piensan unos en los otros sino por curiosidad. Así hasta que crecí. Después nada. Nadie. La pura soledad. Y la soledad es una cosa que se llega a querer del mismo modo como se quiere a una persona. Viví en medio de ella. Luego conocí a gentes. De paso. Gentes que ya no sé dónde andarán. Pero encontrar una amistad verdadera, como la que ahora encontré en ti, jamás me sucedió.

Debes imaginar, pues, cuánto he de quererte queriéndome tú. Y cuán difíciles son las palabras y cuán flacas para ese agradecimiento.

No, no te olvido. Estoy peleando por ti, aquí donde tú naciste, y seguiré peleando por lo que más amo. No importa que esta ciudad me zangolotee y me dé de golpes a cada rato.

Y no pienses que estoy lejos. Cada momento estoy contigo, cerca de ti. Rodeada con mis pensamientos te tengo siempre. Tanto que a veces, de tanto imaginarte, llego a sentir, clara y realmente, el calor dulce de tus labios.

Y tu gracia sustituye a todas las cosas. A veces me sucede que, cuando alguien dice algo, me digo: Claris lo diría de este otro modo. Y te veo a ti diciéndolo.

Aquí en tu tierra ha llovido mucho. Por las mañanas se levanta la neblina y no deja ver el cielo. Y por las noches llueve. Sigue la campaña contra el analfabetismo. El Presidente Alemán bloquea las calles. La feria del libro se comió todo mi sueldo de este mes. Y yo te sigo amando. Ésas son las cosas que aquí pasan.

Todo cuanto se puede amar en la vida lo amo en ti, chachinita mía.

Juan

P. D. Esta carta la escribí
     con tu pluma rota,
     por eso salió tan quebrada.

Mil veces más.                            Tú muy poquito.

# XXI

*México, d. f. 26 de mayo 1947*

Querida chachinita:

¿Nunca te he contado el cuento de que me caes re bien? Pues si ése ya lo sabes te voy a contar otro:

Ahí tienes que había una vez un muchacho más loco, que toda la vida se la había pasado sueñe y sueñe. Y sus sueños eran, como todos los sueños, puras cosas imaginarias. Primero soñó en que se encontraba de pronto con la bolsa llena de dinero y que compraba todos los dulces de todos los sabores que había en todas las tiendas del mundo. Así era de rico. Después soñó en tener una bicicleta y unos patines y una buena bola de canicas. Más tarde, soñó en ser chofer o maquinista de un tren para recorrer lugares. Y se pasaba las tardes tirado de barriga en el suelo, soñando en las cosas interesantes que habría más allá de los cerros que tenía enfrente. En el pueblo de él había unos cerros muy altos. Y a veces soñaba ser un zopilote y volar, muy suavemente como vuelan los zopilotes, hasta dejar atrás aquel pueblo donde no sucedía nunca nada interesante.

Una vez vinieron los Reyes Magos y le trajeron un libro lleno de monitos donde se contaban historias de piratas que recorrían las tierras y los mares más raros que tú o yo hayamos visto. Desde entonces no tuvo otro quehacer que estarse leyendo aquella clase de libros donde él encontraba un relato parecido al de sus sueños.

Se volvió muy flojo. Porque a todos los que les gusta leer mucho, de tanto estar sentados, les da flojera hacer cualquier otra cosa. Y tú sabes que el estarse sentado y quieto le llena a uno la cabeza de pensamientos. Y esos pensamientos viven y toman formas extrañas y se enredan de tal modo que, al cabo del tiempo, a la gente que eso le ocurre se vuelve loca.

Aquí tienes un ejemplo: yo.

Pero hay algo más. Al muchacho este del cuento que te estoy contando lo salvó la campana en aquella ocasión. Se le murieron sus papás. Casi los dos al mismo tiempo. Y lo dejaron pobre. Eso fue lo que lo salvó. Porque si lo hubieran dejado rico, como era quizá su cálculo, ahorita sería uno de esos tipos borrachos que andan en coche por las calles atropellando a todo mundo. O ya se hubiera muerto, fastidiado de la vida. Con lo desesperado que es, eso le hubiera pasado.

Pero nada. Dios sabe lo que hace con sus criaturas.

A veces piensa él, ahora que ya está grande y que comienza a tener uso de razón, que no debía haber hecho muchas cosas que hizo. Lo piensa nada más por encimita. Pues cuando tú le dijiste aquello de que no había que pedir perdón ni arrepentirse de nada, él estaba de acuerdo contigo, pues sabía que el significado de eso era que no se debía hacer nada por lo cual tuviera uno que pedir perdón o arrepentirse después.

Ese muchacho del que te estoy platicando despilfarró lo que le dejaron (porque al fin de cuentas sí le dejaron algo). Quiso hacer reales sus sueños y se fue a vagabundear. Y es que esa cosa tiene: siempre le ha dado por hacer verdaderos sus sueños, y por eso yo digo que está loco. Y bien, se echó a vagar durante algún tiempo. Quería conocerlo todo, verlo todo. Y después volvió ya cuando estaba cansado. Y nadie le dijo nada. Entonces no tenía ya a nadie para que lo regañara. (Ahora sí tiene ya otra vez quien lo regañe.) Y por eso creyó que no había hecho mal al gastar el dinero recorriendo lugares y conociendo sitios raros. En realidad, no había hecho nada malo; pero tuvo que ponerse a trabajar. Bien pudo haberse ido al rancho con sus hermanos, estarse allí algún tiempo y luego volver a las andadas. Pero era como tú, no le gustaban los ranchos ni los pueblos, sino que se sentía mejor en la ciudad. No se sabe cómo se puso a trabajar y pareció gustarle eso. Pero lo cierto es que no quería salir de la ciudad. Era como tú, se aferraba a los ruidos y a las calles llenas de gente y no quería conocer otro mundo.

Así fue mejor. Pues si se hubiera ido al rancho, jamás hubiera conocido una cosa que yo sé cuál es, y jamás de lo jamases hubiera conocido el retrato de la alegría.

Bueno, la historia es muy larga y voy a dar un brinco:

Vinieron los años buenos en que comenzó a ver acercarse un sueño. El mejor de todos. Grande y enormemente hermoso. Era una muchachita rete horripilante que levantaba la ceja para mirar a los seres despreciables que iban a su lado.

Así era desde lejos. Pero más cerca, cuando se veía todo lo que ella era claramente, cuando uno se asomaba a sus ojos, el cariño cegaba todas las demás cosas y uno ya jamás quería separarse de su lado.

Ese sueño que eres tú todavía dura. Durará siempre, porque siento como que estás dentro de mi sangre y pasas por mi corazón a cada rato.

Me dices muchas malas palabras en tu carta. Cosas como esa de que te vas a morir de tanto enflaquecer. Pero no es cierto. Nadie mejor que yo sabe que te sobra mucha vida, pues yo también vivo de esa vida que tú tienes. Por eso no lo quiero creer. Sin embargo, pórtate bien con Clara, acuérdate que hay alguien que la quiere más que tú.

Además, me cuentas que te estás haciendo fea (siempre ha sido ella rete fea). Pero, ¿acaso no sabes que existe un Purgatorio lleno de llamas a un paso nada más de la condenación eterna, para las muchachitas que dicen mentiras?

Maye: Yo creía que este destierro en que vivo no iba a ser tan difícil. Quisiera encontrar las palabras para explicarte cuánta falta me haces y cómo quisiera que se acortaran los días para que pueda estar junto a ti. No, nunca creí que el amor que te fuera a tener me atormentara tanto. Ahora me conformo con tus cartas, con esos pedacitos de tu pensamiento, y beso tu nombre y las palabras allí escritas con tus manos tan dulcemente queridas.

Pero sé cuán poco falta para que ya no me conforme con eso y que tal vez, de pronto, deje todo cuanto me detiene aquí para ir a verte.

A veces, cuando pienso en eso, me digo: Juan, sé razonable. Pero, ¿acaso se puede ser razonable con el cariño que te tengo? Y una voz allá adentro responde: Sí, se puede. Ella quiere que lo seas. Quiere que aprendas de responsabilidades todo cuanto se puede aprender.

Claris:

Estas pláticas que yo tengo con mi conciencia son a veces muy largas, duran días enteros; por eso no resulta que me ponga a contártelas en esta pobre carta.

De verdad, cuídate mucho, come y duerme bien y sueña con los angelitos y no en esta cosa maligna que soy yo.

Pero no me olvides.

Y que siempre seas igual, chachinita adorada.

Juan

No, aire de las colinas, tú no.          Yo hasta el quinto Infierno.

Juan Nepomuceno, "Cheno", padre de Rulfo;
Juan, su hermano Severiano y un amigo montados en la vaca *la Coqueta, ca*. 1920.
Fotografía: colección de la familia De la Fuente Pérez.

# XXII

*México, ∂. f. 1º ∂e junio ∂e 1947*

Cariñito grande:

Me asustó tu carta por lo pronto que estuvo aquí. Yo tenía miedo de que no conociera este nuevo camino, que se desorientara un poco y no diera luego luego con la casa, ya que estaba tan acostumbrada a ir allá a la de Santa Bárbara. Pero sí dio con el lugar y aquí la tengo, trayéndome algo de ella y del curalotodo de tu cariño.

Se me pasó por completo decirte que te había mandado la pluma con el "Zancas" y, por lo que me dices, se las ha de haber visto negras para entregártela en la calle, pues es un muchacho que se pone muy muy colorado y se asusta cuando tiene que hablarle a una dama. Y en este caso es igual que yo. No, quizás yo sea más tímido. De cualquier modo, con su pan se lo coma si pasó un mal rato, pues él quedó formalmente de llevarla a tu casa.

Por otra parte, tú te has de haber sentido extrañada de que te conociera y comprendo muy bien que, no habiéndolo visto nunca y no sabiendo quién era, no le hayas hablado. Y él vive por allá por Culiacán y tal vez pasen muchos años antes de que lo volvamos a ver tú y yo. El "Zancas", así se llama, es re buena gente a pesar de tener cara medio amalditada, y te conoció a ti en los viejos tiempos cuando andábamos juntos Otero, él y yo. Y es de los que saben desde cuánto tiempo hace que te quiero. Desde mucho antes que hubiera árboles en el jardín de San Francisco. Y desde cuando unas tobilleras verdes, un vestido verde y un moñito verde muy bien puesto, arriba de una carita reluciente, atravesaran a toda carrera el San Francisco, para que no la alcanzaran las tres antes de llegar a la calle de Madero, mientras un sujeto loco y enamorado de aquella cosita como chirimoya se comía los chocolates que allá, en el fondo de sus pensamientos, quería que fueran para ella.

La cosa es que la semana pasada fue mi semana negra por lo que ya te platiqué de lo descompuesto que estuve y lo enfermo que me sentía. Ahora ya es menos; pero todavía me quedan polvos de aquellos lodos.

Ahora que ya volví al trabajo, y que me recibieron con mucha atención, pienso cuán lejos me llevó la fiebre de las anginas, la fiebre del estómago y la fiebre de la bronquitis (pues se me juntaron las tres fiebres). Y lo que sentía eran unas ganas tremendas de irme de aquí. De no volver más a la compañía. De salirme por la puerta y tomar mi sombrero (no tengo sombrero, pero yo creía que lo tenía) y no volver más. Ésos eran mis sentimientos. Y todos los días, mientras estuve en cama, amanecía con la idea esa. Y encontraba el lugar a donde me iría. Lo encontraba porque ese lugar existe. Fíjate cómo era:

Me acordaba de una salida de sol, en la Constancia, las ruinas de una fábrica de papel que está cerca de Tapalpa. Y ese sitio tiene una casa muy grande que es ahora de mis tíos los Pérez

Rulfo. Bueno, yo volvía a ver la salida del sol al pegar primero en la cañada que está enfrente de la casa. Veía cómo se iluminaba todo aquello. De la casa salía tantito humo y todo estaba tranquilo y sin aire. Sólo se oía el ruido del arroyo que pasa por allí y la caída del agua un poco más arriba. Luego te veía a ti con una camisa verde de lana llena de cuadros, que salías de la casa y te parabas en la orilla del camino y que me decías que si siempre íbamos a ir a caminar un poquito antes de que estuviera listo el desayuno. Y yo me iba contigo cañada arriba.

Luego me venía la idea a la cabeza de que allí era donde vivíamos nosotros, tú y yo, en mitad de aquella tranquilidad, en medio de los pinos, y que la vida era hermosa, muy hermosa junto a ti. Y que yo tenía allí un cuarto lleno de libros y que no nos acordábamos de cómo era posible que a tanta gente le gustara vivir entre los ruidos y en las carreras y el vivo relajo de las ciudades.

Yo pensaba en eso día con día mientras estaba aquí tirado y sin ánimos. Pensaba en ti, en la "buena camarada", y cuando volvía los ojos al lugar donde hay una fábrica de llantas pensaba en cuánta gente estaba desperdiciando su vida, encerrada allí, durante gran parte del día, cuando existían lugares donde se podía vivir sin temor ninguno. Eso pensaba.

Pero ahora que volví allá sentí todo tan natural, tan normal, tan compañeros a todos los compañeros, y el jefe mismo (un señor alemán grandote) me tocó la frente para ver si todavía tenía calentura; entonces, digo, ya no sabía yo comprender qué motivos me habían hecho correr en sueños tan lejos, quizá lo deprimido que uno se siente al estar sin ánimos debido a la enfermedad. Sí, eso fue. Pues ahora vuelvo a ver las calles de México, la gente, lo aturdidas que parecen estar las cosas; se siente que es bonita esta ciudad, esta tierra tuya, y que si cansa a veces, a veces le da a entender a uno que es una gran ciudad y que al que le entren ganas de salir de aquí, de pronto, en cualquier lugar donde esté, sentirá deseos de volver, a pesar de todo.

Así pues, no creas que tengo pensado volverme a enfermar. Y hasta ahora no existen motivos para que me enoje con nadie en mi trabajo. Y procuraré que no existan. Ya te platiqué en otra ocasión que estoy trabajando por apagar mi rebeldía y por llegar a ser humilde. Pues sin esa humildad yo no merecería el cariño, el amoroso cariño tuyo.

Ojalá que los demás sigan pensando que somos un par de lucas tú y yo. Ojalá que crezca nuestra locura, chachinita chula.

El retratero quedó de entregarme los retratos el sábado, pues fui con uno que por lo visto tiene mucho quehacer. Los que tenía se enroscaron muy bonito con la lumbre del cerillo, ya que, como te decía, parecía un sujeto de los que trabajaban en el cine mudo.

Por otro lado, yo sé hacer hot-cakes (aunque siempre se me queman), sé freír huevos y hacer frijoles de la olla con cebollita y perejil, sé hacer tortas y sandwiches de todos los sabores y agua de naranja o de jamaica y sé comerme todo eso y cualquier cosa, esté buena o mala, así que no se preocupe mucho ella por aprender (cosas que ya sabe de sobra) y mejor distráigase un poco y aproveche bien sus vacaciones y siga siendo como es, así de buena y de dulce como lo ha sido siempre.

No deje de ir al cine, pues yo sé que es una de sus pocas distracciones. Y cuénteme cómo le fue en el baile de la Treviño, que ojalá no haya dejado de ir.

Por otra parte, yo he estado estos días dedicado a permanecer un poco atrás de la puerta debido a lo que ya te conté, y no he hecho sino leer un poquito y querer escribir algo que no se ha podido, y que si lo llego a escribir se llamará: "Una estrella junto a la luna".

Encontré un departamentito por la Ribera de San Cosme: es el paseo diario de los Cuatro Jinetes del Apocalipsis. Así es de revoltoso y rugiente.

Espero que tu mamá no haya estado enferma por eso que me dices de no poder ir a Chihuahua en las vacaciones. Salúdame a todas esas grandes gentes de tu casa.

Y no te olvides de ir de vez en cuando a San Francisco a rezar, aprovechando el momento en que Dios esté solo para que Él te diga cuánto es lo que yo te quiero, porque Él lo sabe bien a bien, mujercita querida, hondamente querida.

este Juan tuyo

Ola tibia del mar.

Ruinas de la fábrica de papel La Constancia, cerca de Tapalpa, Jalisco, *ca*. 1940.

Fotografía de Juan Rulfo.

# XXIII

Criatura:

Tu regañada estuvo muy buena, pero no me dolió. Al contrario, me puse contento. Y es que tú sabes regañar a uno de un modo que me gusta mucho. ¿Qué quieres que haga? Eres, ya te lo dije hace muchos años, como el aire de las colinas, que golpea con golpes suaves y llenos de cariño. Con todo, sigues siendo el vivo diablo: flaquita ella y toda debilitada, pero no se le pasa nada, no se le va una.

Tu carta llegó cuando acababa de salir el sol después de muchos días nublados (siempre está nublado cuando no recibo tu carta). Hacía ya un mes que estaba lloviendo, de ese modo tan silencioso con que llueve aquí en tu tierra. Y al fin, esta buena tarde en que llegó tu carta, se abrió el cielo y apareció un solesote muy grande. Luego tú acabaste de alegrar más el día y la noche. Pues ya te lo dije otra vez, también hace muchos años, que eras la pura y viva alegría de los días de la vida.

Aquí, entre nosotros, y sólo te lo digo a ti, que si no fuera por el ánimo y el aliento que tienen tus cartas, esos adorados pensamientos tuyos, me sentiría más dedichado de lo que me siento.

Tu muchacho se ha seguido portando bien. Y créeme que a veces quiere ponerse desordenado, pero entonces yo le hablo de ti. Le platico de esa cosita hermosa que tú eres y le enseño el retrato tuyo, ese donde tus ojos son tus ojos y donde pareces estar mirando alguna nueva aparición de la Virgen. Bueno, eso hago, y a él se le olvidan sus malos pensamientos y se porta decentemente. Sí, lo que sea, se ha portado bien hasta ahora, y te quiere más, y cada vez está más loco por ti.

Dice que el amor que te tiene le llega más fuerte por momentos. Y que esos momentos son interminables. Dice que le llega en oleadas, una tras otra, sin que se consuma ese enorme cariño que le tiene a su mujercita.

Ése es su estado, pero tú y yo sabemos, chachinita chula, que su estado no cambiará sino hasta que se muera. La cosa está en que él no quiere morirse, no, tu muchacho está más y más terco por vivir, ahora que sabe que ha conocido por quién es bonita la vida.

El domingo lo llevé a un cerro que le dicen el Telapón y se enamoró de los árboles, de todos los miles de árboles que allí había. Y yo creo que le sucedió eso porque les encontró algún parecido contigo, algo de bondad, algo de gracia o algo de tu mismo amor. Y me dijo que todo aquello junto, poniendo el sonido de los árboles y agregando todo el inmenso cielo, eras tú.

Lo voy a volver a llevar el domingo entrante a otro lugar, a ver qué dice entonces. Y yo te platicaré lo que me diga.

Eso es lo que más me gusta de aquí, de tu país: los cerros que hay alrededor. Allí se le pierden a uno muchas cosas que uno no quiere recordar, aunque el pesar de no verte a ti no se olvida, antes se hace más claro, porque te siento, allí, entre aquellas cosas grandes más cercana, sabiendo que no puedo verte.

Chachinita:

Yo quiero entender que Dios, el tuyo y el mío, me ayudará para poder resolver pronto esta situación en que vivo. Aunque a veces, créeme, esos días en los cuales no consigo hacer ningún esfuerzo para mejorar siento como que estoy cometiendo algún delito. Sí, chachita, tengo la impresión de tener algún pecado imperdonable, en contra de ti y de mí mismo.

Entonces me llegan unos remordimientos de conciencia muy feos, cada que pasa un día y otro y no sucede nada. Y este ir tan despacio me desespera mucho. Yo estoy seguro de que Dios sí trata de ayudarme, pero quizá yo no pongo nada de mi parte. Y si tú supieras cuán insensato e irresponsable me siento calcularías mis remordimientos. Y no me sentiré conforme hasta el día en que logre caminar sobre un camino que yo sepa que es el de mi voluntad. Y que ese camino vaya a dar a donde tú estás.

Quizás si tú no me hubieras enseñado a conocer la paciencia ya hubiera roto los alambres con que me tienen amarrado aquí, lejos de ella, de esa alegría que se conoce con el nombre de Clara.

Tengo mucha vergüenza por no haberte mandado tu pluma. Pero no creas que ha sido por flojera, sino que el correo, donde reciben los bultitos, lo cierran en el mismo momento en que yo salgo de trabajar y no alcanzo a llegar a tiempo. Pero voy a pedir permiso de salir a una hora en que pueda encontrar abierto. Tengo ganas de mandártela pronto porque descubrí que sabe escribir versos ella sola y en tus manos haría prodigios.

Salúdame a esas manos tuyas, a esos ojos tuyos, a esa boquita tuya, a esa alma que quiero tanto. Y a esa mamacita tan buena que tú tienes. Y a tus sísters.

Y tú, chiquitina fea, recibe todos los pedazos de mi corazón para que lo compongas y me lo guardes muy bien guardado junto al tuyo tan querido. X X X X X  Juan  X X X X X X X X X

Nada-Nada-Ninguna nada.　Desde el Infierno hasta el Cielo.

Las hermanas Gloria, Clara y Graciela Aparicio, *ca*. 1947.

# XXIV

*México, d. f. 10 de junio de 1947*

Mayecita:

Yo te libraré del miedo, de ese temor tuyo por lo que pueda venir. Yo no soy muy fuerte; pero el cariño que te tengo sí es fuerte y grande y no se acaba. Es como un árbol que ha enraizado mucho en esa tierra que eres tú y de la cual me será difícil desprenderme ya. Y porque eres así, como la tierra, noble y hermosa y llena de prodigios, por eso no podré olvidarte. Pasarán las peores cosas, los peores días y también los ratos en los cuales uno se siente muy infortunado, pero tú siempre estarás allí, como la luna en la noche, acabando con las malas impresiones del día. Tú siempre y en cada instante, muchachita de los ojos llenos de ternura, estarás allí, permanecerás siempre conmigo. No, no tengas temor, ya te llevo aquí, honda y cuidadosamente guardada, en el lugar donde te digo que todos dicen que tenemos el corazón. Y lucharé por ti; lucharé contra todo, por ti.

Yo siempre me he sentido miserable, enormemente miserable, como te lo he dicho varias veces. Mucho, porque yo he querido serlo, mucho porque me han hecho sentir que lo soy. Me han golpeado, sabes, me han dado duros golpes en eso que le llaman sentimiento. No sé quién; pero sí sé que a veces, cuando me examino el alma, la siento un poco quebrada.

Y tú me has aliviado, simplemente, de la manera más sencilla, has puesto parchecitos allí por donde se me salía el ánimo, donde yo más los necesitaba.

No, mujercita mía, no pienses que yo vaya a cambiarte por alguna gente extraña. Echa fuera de tu cabeza esas ideas blasfemas y mírame, mírame quietamente con esos ojos tuyos que tanta falta me hacen y dime que tú tampoco me vas a olvidar aunque sea nunca.

El del miedo debía ser yo, ahora que te pusiste tu vestido (ese disfraz de ángel), y con el cual has de dejarles chiquitos los ojos a todos cuantos te vean.

Chiquitina:

Me fui a pasear otra vez al cerro. Ha llovido mucho y ya hay flores y está todo verde. También los arroyos ya tienen agua. Te volví a llevar a ti y a nadie más. Y en cuanto me metí entre los árboles comencé a platicar contigo largamente. Pero a veces te quedabas retrasada oyendo cantar a los pájaros. Inclinabas un poco la cabeza y alzabas una cejita y te estabas así un buen rato oyendo, sin moverte. Entonces yo me enojaba porque te detenías a cada rato. Pero tú me alegabas que para eso ibas al campo, a ver y a oír las cosas y no a puro caminar como yo, que parecía más bien matacuás o caballo zapatista o quién sabe qué más cosas. Después te me escondías y yo creía que te habías perdido y me soltaba buscándote y te gritaba con gritos muy fuertes. Luego te oía reír con esa risa tuya tan sabrosa, mientras te asomabas por detrás de un matorral con los cabellos llenos de hojas de muchos colores y tu cara bonita y luminosa y horripilante.

He aprendido a hacer eso, porque de ese modo los días se me hacen menos largos y se pasan sin sentir. Y he descubierto que tú eres la mejor compañía que yo he encontrado.

No me hacen falta los amigos y hasta me siento mejor sin ellos. Pero tendré que ir por ti para que todo sea cierto y no otro sueño. Ojalá Dios me conceda ese bien.

Y volviendo a tus cosas, hace mucho que no me platicas cómo te ha ido en tu trabajo. A estas alturas, ya debes ser directora del Instituto. Tal vez por eso te pusiste zapatos de taconsote para que te vieran muy grande, pero no dejas de ser, con la carita de travesura que tienes, una nenita tonta pero divina. Siento lo de tus zapatos por los porrazos que te has de haber dado y por lo magullados que acabaron tus pies. Ojalá ya no tengas esas intenciones, pues si no yo tendré que buscar unos zancos para no verme tan chaparrito junto a ella.

Volviste a hacer chapuza con los números; aprende a mí que te escribo en un papel muy largo y bien llenito, y si dejo aquí algunos espacios es por dejar lugar para los besos que quisiera darte.

Ahora volviendo a mis chismes, estoy por decirte que, al menos, la seguridad en mi trabajo ya la he logrado. Ya le hallé el hilo y me siento seguro, aunque sé que hay que resistir muchos malos momentos, pues la gente aquí es muy brava y trabaja con el sistema del tiempo de don Porfirio.

El otro día hablé con el gerente y me preguntó que qué tal me sentía, y yo le contesté que me sentía bien. Entonces él me prometió que si estaba contento que me aguantara un poco con el sueldo este de ahora y que pronto me mejorarían el sueldo tal por cual. Así que voy a estar al pendiente (muy pendiente) de cuando engorde el sobrecito en que viene la lana. Sabes, los días más felices que yo tengo, ésos son: los días en que tú me escribes y los días de quincena.

Otra de las cosas que tengo que decirte es que tengo muchas ganas de que veas, si es que va por allá, el ballet de Katherine Dunham. Son cosas de las más raras que existen. Todos son negros y bailan unas danzas endemoniadas, pero es una cosa muy bonita y difícil de tener una oportunidad de volver a ver.

¿Conoces una canción que dice?:

*Si volviera a nacer*
*volvería contigo...*
*Si volviera a nacer*
*volvería a amarte más...*

Ésas son cosas que yo tengo ganas de decirte a ti.

¿Conoces esa otra que dice?:

*No me vayas a llorar*
*si muero de amor por ti...*

Bueno, lo que yo trato de decirte es otra cosa muy distinta. Trato de decirte que te amo con un amor tremendo.

Chachita: no se te olvide esto. No se te olvide que hay alguien para quien eres todo. Ojalá ya se te haya ido esa enfermedad que te hizo sentirte flaquita y que ahora te estés cuidando mucho y salgas a que te den el sol y el aire. Y cuando vayas a una fiesta (medidito) diviértete. Y no bailes con alguien que te eche miradas de pollo ahorcado, porque luego me olvidas a mí. Y yo no quiero que me olvides.

A tu mamacita buena síguemele dando mis saludos y a tus sísteres también.

Le he seguido pidiendo a Dios para que siempre te haga feliz y porque pronto pueda verte.

Y tú recibe muchos besos para tus ojos y para tu boca y mucho amor para tu corazón, muchachita adorada, de tu chachino.

Juan

Tú, montoncito de nubes, tú, no.
                    Yo como un amontonadero de cielos.

# XXV

Queridísima chiquis:

Esta carta lleva mucho retardo debido a que anduve muy ocupado cambiándome de casa. No te puedes imaginar los apuros en que me metí para encontrar este lugar donde ahora vive tu muchacho, pues a la señora de Bahía de Santa Bárbara le iban a quitar la casa para el día 20 de este mes. Y aunque le avisaron según parece con un año de anticipación, ella no tuvo a bien decirnos a los que vivíamos allí sino cinco días antes. Así pues, ahí tienes, y todos tenemos, que este enamorado muchacho se puso a pedalearle muy duro para encontrar donde descansarán sus huesos. Di con este lugar y aquí estoy en el centro del cuadrante y en el centro de la ciudad. La casa está en Filomeno Mata y avenida Madero; mero arriba hay un rincón con una ventana a la calle y allí, en ese rincón, estamos tu retrato y yo y el recuerdo tuyo que no me abandona nunca. Y algunos libros y una bola de tiliches. Y si no hubiera sido por esa bola de tiliches yo me hubiera cambiado pronto a este lugar y te hubiera escrito enseguida. Yo quisiera preguntarte a ti si tú sabes por qué seré yo tan tilichudo. Y eso que diario estoy desempapelándome y tirando cosas; pero aun así vivo lleno de triques. Así pues tu casa la tienes ahora en Filomeno Mata No. 17, y allí a este corazón más tuyo que mío.

Mayecita, no creas que he descuidado nuestras cosas. He estado muy al pendiente cada día de que mi cariño por ti crezca más. Y aunque no necesita ser regado ni cuidado, pues ya nació bueno y así ha ido haciéndose fuerte y permanente, a pesar de eso cada mañana le pregunto lo mismo: ¿en qué piensas? Le pregunto. Y él siempre me contesta que en ella, en Claris.

Montoncito de nubes, esta semana me voy a retratar para que tapes el agujero del ratón. La cosa es que ya me había retratado con el fin de mandarte esa maligna figura mía, pero no te mandé el dichoso retrato porque salí asustado, y no quería que tú me tuvieras allí con esa cara de susto que tenía en la fotografía. Pero ahora voy a procurar no fijarme tanto en la salida del pajarito cuando me estén retratando; quizás de ese modo no salga tan azorado. También estaba esperando engordar un poquito, pero veo que eso no irá a suceder jamás. Por esa razón, salga como salga, te enviaré la cosa esa en cuanto esté en mis manos. Y el que tú dices que te van a tomar estos días, en lugar de ponerlo en el porta-retratos mándamelo a mí, que yo aquí lo cuidaré mucho y lo llenaré de bendiciones como están llenos los otros y también de besos, que en éstos ya no caben de tan muchos.

No, no sabes cómo es de consoladora tu alma.

Respecto a lo que yo he pensado, te voy a contar cuáles son mis proyectos. Antes que nada, estoy muy de acuerdo contigo en ir a verte en ese tiempo y no sólo eso, sino que yo había pensado, de ser posible, pedirle a don Agustín permiso para robarte aunque fuera para toda la vida. Yo creo que él no me negará esta felicidad. Lo he pensado así porque calculo que para entonces yo habré arreglado acomodarme mejor en mi trabajo y que éste, por lo tanto, se ajuste a lo necesario. Estoy decidido a eso y a hacer todos los sacrificios por alcanzarte y por merecer que tú estés conmigo.

Estoy comenzando a escribirte una carta por separado donde te daré todos los detalles de cómo quisiera resolver este asunto y creo que, cuando los conozcas, estarás de acuerdo conmigo.

Lo que ahora trato es de que esta carta te llegue pronto y puedas saber por qué motivos te escribí tan tarde.

Los días han estado muy lluviosos y debido a eso no he vuelto a salir al campo. El domingo fui a la Sinfónica y estuvo muy bonita la cosa; pero este domingo también voy a ir y va a estar mejor. No te imaginas las ganas que tengo de ir contigo a tantos lugares que creo yo te llegarán a gustar. Pues en ese sentido tu tierra sí está llena de ballets y espectáculos muy raros. Ya desde subirse a un camión comienza la fiesta y no se diga querer ir a un cine el domingo, pues se divierte uno más con el relajo que con la película.

Bueno, quiero que esta carta no se detenga más aquí. Y espero esta misma noche escribirte de nuevo y sin tantas apuraciones. En cambio, recibe por ahora y por siempre todos mis pensamientos y todo el inmenso amor que te tengo, chachinita divina.

Juan

Clara, *ca*. 1946.

# XXVI

Chiquitina:

Esta carta, que debías haber recibido ocho días antes, la comencé a escribir el día 21, el día en que te hablé y en que te prometí que te escribiría esa misma noche. La dejé a medio terminar pensando hacerlo al día siguiente, domingo. Pero el domingo vinieron a pintar (encalar) el cuarto donde vivo y no me dejaron hacer nada. Luego vino el trabajo en la oficina y sólo fue hasta el martes por la noche cuando logré terminarla. Siempre acostumbro poner las cartas por la mañana a las siete, cuando me voy a la chamba. Pero el miércoles no fui a trabajar ni ahora viernes tampoco he ido, porque desde ese día amanecí todo enfermo y así he seguido hasta ahora: otra vez ese estómago que no deja de fallar cuando he aprendido a tenerle tantita confianza.

Bueno, yo estaba acostado y miraba tu carta allí, todavía destapada y sin atreverme a mandártela así, sin ninguna explicación. Por eso ahora, que fue el primer día de mi resurrección, me puse a escribirte ésta, con la cual yo quería explicarte el por qué va hasta ahora, siendo todos mis deseos habértela enviado lo más pronto posible, pues ya que en eso consistiría que yo recibiera noticias tuyas.

A veces, chachita adorada, no sabes cuánta ansiedad siento al no poder escribirte pronto y como yo quisiera. Siempre una dificultad u otra. Y no poder explicarte tal como trato de hacerlo siempre el modo tan tremendo como yo te quiero y lo mucho que te extraño y la tristeza que siento al no poder compartir contigo todos y cada uno de mis pensamientos. A veces me digo que voy a buscar el tiempo necesario para poderte platicar todos esos pensamientos y sentimientos míos por ti. ¿Pero a dónde se va la tranquilidad? ¿Por qué es tan corto el día, y la noche, para pensar en ti, y por qué es tan corta la vida para quererte, chachinita mía? Con todo, ahora —quiero decir, después de haber hablado contigo—, tengo la impresión de haber caminado mucho y de llegar de pronto a algún lugar maravilloso y sentarme allí a descansar sintiéndome tranquilo y asombrado de que la vida sea tan hermosa.

Esa sonrisa que tienen aquí tus ojos.

Bueno, ahora ya no me siento extrañado ante tu sincera inteligencia. Me acordaba yo de aquella vez hace tres años precisamente cuando me dijiste: dentro de tres años. Y a mí entonces se me hizo muy largo el tiempo. Muy largo. Y sin embargo cuán poca fue mi fe entonces y cuán sincera fuiste tú para conmigo a pesar del extraño sujeto que era yo para ti entonces. Y ahora llegas conservando en tus manos, todavía limpia, esa promesa. Y no me explico cómo puedes tener ese claro alcance tan lejano. Sí, Claris, tierna y dulce Claris, llegar hasta tu corazón costó trabajo y lágrimas; pero ahora ya no habrá poder que me haga abandonarlo.

Tal vez tú sabes también si Dios piensa castigarme en la otra vida, dándome en ésta la felicidad que tú eres para mí. Dime si tú lo sabes. Y si es así, que así sea. Al fin y al cabo tú me salvarás y me harás ser bueno, y entonces Él no tendrá nada contra mí. Nada, estando tú de por medio.

Con todo, hay una cosa de la que no dejaré de tener miedo y que jamás me perdonaré si llega a suceder, y es que tú no llegues a encontrar la alegría que mereces. Criatura, yo desearía que tú siempre fueras feliz, siempre y en cada hora de tus días. Tú y nadie más.

Yo siento aquí, en los nudos de mis venas, querer hacer por ti tanto. Y aunque sé lo limitado que soy y lo lleno de humo de ilusiones con que he vivido, sé también que haré todo lo posible porque no nos llegue a faltar nada a este par de pobres muchachos que seremos nosotros.

Ahora, volviendo a lo mismo, quería hacerte saber que mi hermano el grande estuvo de acuerdo en comprarme el ranchito. De cualquier modo, no he abandonado la idea de llegar a poner una librería del modo que sea, ya yo solo, o asociándome con alguna otra persona. Eso para el caso de que acabe por enojarme con los señores de la Goodrich. Yo calculo —y según lo que me dijeron allí— que el aumento de mi sueldo vendrá el mes entrante o a principios de agosto. Sea o no así, yo en agosto o en las fiestas de septiembre iré a Guadalajara para que platiquemos largo y tendido y amigablemente tú y yo y analicemos la cosa bien a bien.

Por lo que respecta a la situación en ésta, no es muy buena todavía, pero no es mala tampoco. Las personas a las que les gusta dar consejos dicen que por ahorita no es seguro meterse a hacer negocios de ninguna clase y que es mejor aguantarse en algún empleo como el que yo tengo, pues parece que esa clase de empleos andan muy escasos y mucha gente no halla la puerta. Eso dicen los aconsejadores.

Por otra parte, y fuera de todo eso, lo más importante y esencial para mí es tenerte cerca, estar contigo y sentir que hay algo hermoso y real por lo que quiero vivir. Y no sé, pero siento aquí, en ese lugar que se enseñó a palpitar por ti, que seremos muy buenos amigos tú y yo, los mejores amigos. Y el Señor se sentirá contento al ver que aún queda verdadera y tierna amistad sobre la tierra.

Yo te suplico que no dejes de saludarme a tu mamacita y me indiques, acá en lo particular, qué opinión tiene ella sobre nosotros.

Espero también que me saludes a tus hermanitas bonitas.

Espero que no te hayas desesperado en esperar esta carta tan llena de contratiempos; yo, por mi parte, procuraré ya no enfermarme. Voy a tomarme muchas vitaminas y mucho calcio para volver a dejar de ser el flaco muchacho en que estoy convertido ahorita.

Me veo en el espejo y me asusto de tan feo que estoy y allí mismo, a un ladito, está la sonrisa de tus ojos. Ah, cómo quisiera poder tener ya siempre junto a mí esa adorada sonrisita de tus ojos, chachinita aborrecida.

Pero nunca dejaré de quererte. Pero nunca. Amorcito.

Juan

Volví a salir mal en los retratos.
Parece como si me hubieran pintado
la boca. Y eso no se vale.
Sacaré otros. Tu chachino.

Perdóname si te quiero más que tú, montoncito de gracias.

# XXVII

*México ∂. f. a 8 ∂e julio ∂e 1947*

Querida mujercita:

He descubierto que en estos días has estado muy contenta y que, por lo tanto, has de estar más bonita que nunca, chachita fea. Eso se nota en toda tu carta por los cuatro lados y yo creo que también se ha de notar en esos dos ojos tuyos tan llenos de travesura que tú tienes.

Me da mucho gusto saber que estás muy lejos de las enfermedades y que ya pesas más que yo y que sigues crece y crece (en virtudes, pues de tamaño no me gustaría que crecieras más). Así estás muy bien, pero muy bien.

También nos felicitamos de que tu papá las haya querido llevar a una fiesta, pues ésa es la mejor señal de que por allí están todos de buenos ánimos.

Sin embargo, lo que no está bien es que tu mamacita se encuentre enferma, y ya que todos están bien, las muchachitas hermanas tuyas y todos, ella también debería estarlo. Pero yo sé que pronto se aliviará y así lo quiera Dios, porque ustedes son muy buenas para cuidarla y está por lo tanto en buenas manos.

Yo todavía estoy un poco atarantado (siempre lo estoy), pero ya voy saliendo de esa canija bronquitis que me puso a pensar cosas raras y extravagantes.

Estoy corriendo con mucha prisa por encontrar una casa para vivir, pues he descubierto que aquí donde estoy ahora hay muchas cucarachas amarillas. Y yo no soy muy buen amigo de esos animalitos. Además, hay muchos cilindros. Todas las noches, antes de que llegue el sueño, comienzan a dar lata los cilindros de la calle y allí se están, toca y toca hasta la madrugada, ya cuando no es hora de ponerse a dormir con calma, pues hay que levantarse temprano y tener los ojos bien abiertos para irse a trabajar. Luego da mucho coraje levantarse y ver primero que nada las cucarachas amarillas corriendo por la pared. Da coraje.

El domingo fui al Ajusco. El día estuvo muy claro y no hacía nada de viento. La nieve parecía sal molida y sabía sabrosa con caramelos de miel. Tú te echas un caramelo a la boca y lo chupas junto con la nieve, y así toda la nieve te sabe al sabor del caramelo. Los árboles estuvieron quietos en el rato que anduvimos allí: no movían ni una hoja. Yo creo que tenían frío o estaban asustados de verse rodeados por la nieve. Yo hubiera querido que tú estuvieras allí también; entonces la nieve hubiera tomado el sabor de un beso tuyo, mucho más dulce que toda la miel de todos los caramelos hechos de miel, que son los más sabrosos.

Clara Aparicio, nada me hará olvidarte. Ojalá que tu abuelita pueda venir a tu casamiento. Tu mamá se pondría muy contenta teniéndola tan cerca de ella, allí en tu casa, y estaría más tranquila sabiendo que se encuentra bien.

El padre De la Cueva no me ha contestado todavía; si de casualidad lo ves por allí dile que si no le da vergüenza dejar pasar tanto tiempo sin contestar las cartas. Es alto y de anteojos y siempre anda muy distraído y con un portafolios en la mano. Dile eso, si te lo encuentras alguna vez. Y regáñalo.

Iba aquí a empezar hablándote de nuestros negocios, pero no quiero hacerlo ahora; en mi próxima tal vez te diga algo. Va a ser necesario que me mandes una lista de las cosas que necesita una cocina, para ir buscando eso aquí poco a poco. Lo del comedor es más fácil: un par de jarros para el atole y un petacal para las tortillas. Y allí se acabó.

De cualquier modo, yo te amo mucho, dulce y divina criaturita. Y deseo quererte más, maye, más que nunca.

Juan
Tu muchacho consentido...

# XXVIII

*México, ∂. f. a 14 ∂e julio ∂e 1947*

Querida mujercita:

Cada que veo tu nombre en alguna parte, me sucede algo aquí, en el lugar por donde uno tiene la costumbre de pasar la comida, y al que algunos, casi todos, llaman gorgüello. El otro día lo vi, por la noche, en un edificio de apartamentos. Se prendía y se apagaba y era de una luz blanca muy fuerte. Clara —pum, se apagaba— Clara —pam, se prendía—. Seguramente el "Santa" está descompuesto, pues el letrero completo debía decir "Santa Clara", pero sólo relumbraba el Clara... Clara... Cada vez igual a la respiración de uno. Estando allí, me llené de recuerdos tuyos y me senté un rato sobre un pradito para mirar a gusto aquel nombre tan querido de esa criatura tan aborrecida y fea.

Así anda el mundo.

Las cosas de la lotería andan de otro modo.

Yo quería darte la sorpresa de que me había hecho rico y nada. Me quedé mudo ese día al ver cuánta es mi mala suerte para eso de las monis. Y aunque siempre he tenido mala suerte, no creía que fuera tanta. Te voy a ir contando despacio cómo estuvo.

Tú ya sabes cómo soy yo de despilfarrador, cómo ando por aquí y por allá comprando cuanto libro o papel encuentro. Y me pasa siempre lo mismo; cada día peor y todavía peor para gastar la lana en cosas inútiles. Bueno, pues ahí tienes que de un día para otro me llegó el remordimiento y dije que iba a ahorrar lo más que pudiera. Me puse a hacerlo, primero con muchos trabajos y después un poco mejor. Pasaba por las librerías y cerraba los ojos. (No sé por qué, pero siempre por donde yo ando, camino o vagabundeo, encuentro librerías.) En lo que nunca me fijo es en las zapaterías, camiserías o donde quiera que vendan trapos de esos que la gente usa para vestirse.

Ahorré un poquito, no mucho. Y como siempre me sucede, ese dinero me estaba quemando las bolsas. Entonces fui y lo guardé en un banco que está cerca de la compañía. Allí lo dejé y pensé no acordarme más de él. Veía muchas cosas que quería comprar (libros), pero me hacía el disimulado y me aguantaba. Yo les decía a mis ojos que vieran para otro lado; que aquello, lo que fuera, estaba más interesante. Sin embargo, por las noches, mi conciencia veía libros y revistas llenas de fotografías y no me dejaba en paz.

Una noche en que estaba piense y piense se me ocurrió que si yo compraba unos diez billetes de la lotería podría atinarle de algún modo. Antes había comprado uno o dos cuando más, pero diez al mismo tiempo era distinto. Fue entonces cuando se me metió lo loco y saqué el dinero y lo cambié por billetes enteros del uno al cero. Gastar o no gastar, me decía mi tía Lola. Esto fue hace unos doce días.

No me dio coraje saber al día siguiente que no me había sacado nada. No, ni siquiera me dolió haber tirado así tantos aguantes. De un billete me devolvieron lo que me había costado, pero los otros nueve no tuvieron esa suerte. Así estuvo. Con todo, me sentí mejor, más tranquilo, y sé que con eso me quisieron decir que me pusiera a trabajar con más ganas.

Ése es el cuento. Pero en el fondo hay otra cosa. En el fondo de todo eso hay, yo creo, el querer resolver pronto la situación. El querer que las cosas se aclaren y no haya dificultad ninguna para sentir que uno puede hacer lo que necesita hacer, sin estar esperanzado a lo que pueda suceder o no el día de mañana.

Sin embargo, a veces, cuando uno se da cuenta de muchas cosas —de la riqueza de los ricos y de la miseria de los pobres— y comienza uno a pensar en que hay algo injusto, con todo, yo he llegado a considerar que en uno está el intentar ser de un modo o de otro. Pues yo jamás (hasta ahora) he deseado querer ser dueño de muchas cosas. Antes al contrario, un instinto oscuro me ha ido retirando cada vez más del interés por el dinero. Aunque quizá se deba a que nunca me ha hecho falta nada. No sé cómo, pero ese Dios tuyo y mío me ha protegido siempre, aunque, al igual que a ti, no creo merecerlo.

Pero ahora me ha llegado esa necesidad de un modo desesperado. No por mí mismo, sino por algo que es más valioso para mí que este cuerpo flaco que yo tengo; algo a quien ama mi alma y por lo cual quisiera quitar todas las piedras de este camino mío tan pedregoso.

A veces, chachinita, se me va formando dentro de mí un sentimiento de derrota, al ver cuán lejos estoy de lo que quiero y de las fallas de mi voluntad. Pero me acuerdo de ti y eso me ayuda, y de un estado de ánimo de lo más negro paso a sentirme muy contento al ver que hay alguien mucho mejor que yo que lo merece todo y que tal vez piensa que yo estoy haciendo bien las cosas y, por eso nomás, vuelvo a ver en cualquier parte pura bondad y una sana esperanza.

Prometí que ya no iba a comenzar con mis quejidos, pero tú eres mi única amiga y estoy solo, y no estás más que tú allí al otro lado, enfrente de mi corazón, y eres la única gentecita a quien él puede enseñarle sus pecados sin que se avergüence.

Y volviendo a otra cosa, quiero platicarte lo que ya sabías y es que no he encontrado casa todavía. Tal vez, algún día de estos, baje la cabeza y recurra al tío David para que me rente la que él tiene. Mi tía Rosa, de la que quizás no te he llegado a hablar, me dio ese consejo. Me dijo que si yo quería traer a mi familia (mi familia eres tú solita) debía de ser un poco práctico y me debía dejar de tantos idealismos. Me dijo también que él tenía mucho dinero y que no le haría ningún daño rentarme en la mitad de lo que renta el departamento (si no quería yo aceptar que me lo dejara sin pagarle nada) y que a mí, por el contrario, me beneficiaría mucho.

Eso yo lo sé, pues me he dado cuenta de que aquí la mayoría de la gente trabaja casi exclusivamente para pagar la renta de la casa donde vive. Así que sería de mucha ayuda conseguir ese endiablado departamento. Y, por lo pronto, no me moveré de aquí, a pesar de las cucarachas, hasta no ir a dar a la casa donde iría a vivir en definitiva. Además, existe la ventaja de que, de llegar a arreglar eso, casi se podría considerar como si uno viviera en algo propio y no tener que andar cambiando de casa por una o por muchas circunstancias.

Ahora lo que voy a hacer es ir a visitar a don David más seguido, hasta que me diga hijo otra vez, pues cuando estamos medio distanciados él y yo ni siquiera me habla (no le gusta hablar). Y cuando lo tengo contento entonces me dice hijo, que es como les dicen todos los tíos a los sobrinos cuando los ven chiquitos. Y la razón por la cual no voy a verlo casi nunca ya la sabes tú, y es que no me gusta hacer visitas. Por otra parte, cuantas veces he ido, allí estaba Cantinflas con él y sólo se les va en hablar de toros y de caballos y de motocicletas y de otras muchas cosas que yo no oigo porque me pongo a leer el periódico.

Bueno, voy a estudiar la mejor forma de arreglar este asunto y te avisaré enseguida del resultado.

Oye, chachinita, ¿no crees que este periódico-carta va resultando muy enfadoso?

Y sin embargo, quisiera platicarte tantas cosas que no acabaría nunca. Quisiera contarte cada sube y baja de mis pensamientos acerca de ti y acerca de todo lo que hago y trato de hacer. Quisiera escribirte largas cartas de cuanto me pasa. Ya sea de cuando estoy triste o de cuando estoy contento. Pero no se puede; necesitaría estar cerca de ti, y mirándome en tus ojos para hacerlo. Y de ese modo nunca me haría falta el tiempo.

Me da gusto saber que, ahora sí, todos están buenos en tu casa.

En cuanto a la fotografía de este sujeto, no la has recibido porque no estoy de acuerdo todavía con ella en que así soy. El retratero tal vez se equivocó y me dio la fotografía de otro tipo.

Lo que hay en esto es que no está bien; es decir, que no me gusta para que tenga el honor de estar junto a la tuya. Iré de nuevo a que me retraten, y si ya está que vuelvo a salir como monigote de circo entonces ni modo: te mandaré todas juntas para que tú escojas cuál quieres. La cosa es que retocan mucho las fotos y acaba uno por salir muy distinto de como uno cree que es.

De cualquier modo, esta semana tendrás la fotografía salga como saliere. Espérate un ratito nada más.

Cariñito:

No creo que me quieras más que yo a ti. No puede ser. No, no puede ser, amorosa muchachita. Dulce y tierna y adorada Clara. Yo lloro, sabes, lloro a veces por tu amor. Y beso pedacito a pedazo cada parte de tu cara y nunca acabo de quererte. Nunca acabaré de quererte, mayecita.

Juan, el tuyo

# XXIX

*México, d. f. a 21 de julio de 1947*

Mujercita:

Usted no se me desavalorine ni se me derrumbe. No es bueno. Se enferma uno del estómago y luego las inyecciones duelen. No tiene ella por qué ponerse triste, pues las cosas van bien. Y creo que más adelante se irán poniendo mejor. Y aunque suban y bajen los ánimos, no sé, pero Dios lo resuelve todo. Y resolverá también esto, sencillamente, como Él lo sabe hacer. Primero, porque tú eres buena con Él, y no te puede negar nada, y segundo porque los dos lo queremos mucho, y Él se sabe portar bien con la gente que lo quiere. Y así, estoy seguro de que poco a poco alargará más la mano hacia este par de chachinos.

La señora que platicó contigo no sé qué te diría para que se te haya puesto la carita acongojada. Esa tu carita fea y dulce se te ha de haber visto enormemente horripilante. Consejo: no platique con las señoras hasta que no sea ya gente grande, mi niñita adorada.

El sol ya salió desde hace rato. Y esperaré siempre, para escribirte, a que no esté nublado ni me sienta con los ánimos caídos (tengo mis ratos). Por otra parte, sé ponerme contento, mucho más cuando pienso en lo hermoso que sería estar cerca siempre de ti. Y esa ilusión no se me rompe nunca porque está hecha de fe y de esa cosa que se llama el cariño que te tengo. Y es la mejor de las fes. ¡Si tú supieras la forma como creo en ti!

Así pues, criaturita, yo quisiera que estuvieras contenta eternamente, desde que abres los ojos hasta que los cierras, y aun después, cuando te pones a tener sueños. Y que tus sueños también sean como tú, llenos de alegría como tú.

Y en cuanto a mí, no hagas caso de los chismes que te cuento. Y sí, es que a veces me siento atormentado (son cosas del tiempo) y es más lo que exagero conmigo mismo que lo que es realmente (con un soplidito tuyo se acaban todas esas tormentas). Y la culpa (el 99%) es que tú estás lejos y yo aquí, amarrado a una carreta que camina y camina y camina sin detenerse y sin soltarlo a uno para ir a verte. Ésa es la cosa.

"Hazme favor", mi tío David me resultó con que me fuera a vivir a su casa. Y es que no me entendió bien lo que yo quería. Más tardecito volveré a tratarle el asunto. (Le dije que me tomaba muy lejos para ir a mi trabajo.) Pero él dejó en pie la cosa y me dijo que yo sólo me buscaba dificultades; que no anduviera buscando casa, cuando yo tenía la suya para ir a vivir a la hora que quisiera. De cualquier modo, él no me entendió, pero más tarde, como te dije antes, haré que entienda. Ahora anda muy ocupado y preocupado de todo a todo porque lo han estado atacando mucho en la prensa por la cuestión de su trabajo y está muy corajudo por eso.

Tal vez todavía no hayas recibido la fotografía de tu muchacho (vuelvo al asunto). Y sé que tú comprenderás la razón por la cual no te la he enviado todavía. Ya te expliqué cómo salieron las primeras y las segundas y ahora las terceras. No, chachinita, no creas que no te la mando porque salgo feo. Yo sé que soy re feo. No, la cuestión es distinta. Las otras están tan retocadas que ni yo mismo me conozco. Y esta última ya ni la saqué. Fui a ver las pruebas y no quise sacarla. Esta última, que es la que iba a mandarte saliera como saliera, no te gustaría si la vieras. Sabes, tengo una mirada de odio. Yo ahora casi no odio a nadie; pero allí está la mirada. Es una mirada hacia arriba, odiando algo. Y eso es lo que yo no admito: salir con los ojos furibundos. Comparando la fotografía que tengo yo de ti, con esa expresión tan llena de ternura, pienso cómo va a llevarme a mí a un lado de ella con ese coraje en los ojos. Para que después veas que te digo la verdad voy a ir a sacarla y, cuando vaya, te la enseñaré y, entonces, tú misma sabrás que no te gustaría conservar una fotografía así, pues cada vez que la vieras encontrarías a un sujeto enojado. Ésa es la razón, chachita, por la cual no te la he mandado. Tú que me conoces me comprenderás. Sin embargo, iré a algún otro lado, a retratarlo otra vez y yo te diré el resultado. Lo que no quiero es que te enojes si me he portado mal en esto, pues yo te prometí enviarte el retrato del sujeto desde hace mucho, y ésta es la hora en que no te lo mando. Como te dije en mi anterior: vuélveme a esperar un ratito más.

Ahora te voy a contar lo que le pasó a la Oficina de Migración de Guadalajara. Tú te has de acordar cuando aquella vez te dije que me habían ofrecido la Oficina y que no la había querido. También te dije que ese empleo era muy inseguro, pero lo que no me pasó por la cabeza era que la oficina se fuera a acabar tan así de repente como se acabó ahora. Yo creía que tarde o temprano la iban a clausurar, pues eran muchos los gastos, sueldos y etc., y pocas las entradas por ventas de pasaportes y una bola de "formas" que allí había. Bueno, lo que yo quería decirte es que si me hubieran nombrado en definitiva como encargado de la oficina, el gusto me habría durado muy poco y enseguida hubiera quedado volando como quedaron los que allí estaban. Así pues, fue mejor que me hubiera salido un poco antes.

La película que fuiste a ver es muy bonita. Y también están a todo dar otras que se llaman "¡Qué bello es vivir!", que quizá ya la hayas visto, y "Larga es la noche".

De la sorpresa que dices que me tienes, no puedo calcular nada, a no ser que sea algo lleno de cosas buenas (que no se me acaba la curiosidad, pues has de saber que soy muy curioso) y que me gustaría me fueras contando, aunque sea poquito a poco, de qué se trata. Además, tú eres rete traviesa y no dudo que sea una de esas travesuras grandes que tú sabes hacer. Ya le di muchas vueltas a todo lo que pudiera ser y no hallo qué sea. Me están dando ganas de comenzar a regañarte para que me lo digas. Pero la cosa está en que ya no sé regañarte, ya se me olvidó. Lo único que me queda es un deseo muy grande de estarte bendiciendo siempre.

La carta esa última que me escribiste tenía dinamita. Pero también tenía algo, no sé qué sería, que me hizo sentir que estabas tú muy cerca de mí, que estabas aquí conmigo y que no me abandonarías jamás.

Te ruego me saludes a todos, como siempre.

Mi hermana vino hace dos días y me trajo a enseñar una chilpayatilla que le trajo la cigueña. Por ese motivo y por andar de aquí para allá con ellos no te contesté el sábado, que fue cuando recibí tu carta.

Pero ahora que te escribo quiero decirte que el único motivo por el que lo hago es para que conozcas que te amo más de la cuenta, preciosa y queridísima criatura.

Juan el tuyo

Hiciste trampa.

# XXX

*México, d. f. 27 de julio de 1947*

Muchachita:

No me canso de decir que es ella una cosa muy preciosa, más cada día que pasa; cada hora y cada momento te haces más hermosa para mí. Sí, yo también a veces tengo esas mismas ganas que tú de irme a algún cerro escondido y olvidarme del mundo; pero no solo, sino contigo, y ser entonces dueño de mi tiempo para poder dedicarme sólo a ti y a nada más y sentir que tú eres el principio y el fin de todas las cosas mías. Y de ese modo no estaría yo triste nunca. A veces, cuando pienso en ti (de un hilo) tengo la impresión de estar viendo el mar y los árboles de los bosques. Pero me parece que este cuento ya te lo he contado. Sin embargo, no dejo de pensar en eso, que en ti me parece sentir el mar tal y como es y los bosques y los pájaros, y todas esas cosas que me gustan están en ti, encerradas, porque yo las he visto asomándose por tus ojos.

Ya no he ido a caminar por las veredas que están debajo de los árboles. No he ido desde hace mucho. Y es que ha llovido mucho. (Pero la presa de Necaxa, a pesar de todo, no se llena, y mientras no se llene hasta el copete aquí estamos a oscuras.)

Así que no he podido platicar contigo como a mí me gusta, ni discutir, ni pelearme, ni nada de eso he podido hacer. Pues aquí, en esta población tan llena de calles, nunca se encuentra una sola donde no haya gente. Y la gente tiene la costumbre de decir que está uno loco cuando lo oyen a uno hablar con uno mismo. Eso pasa.

Esa sorpresa que me cuentas es maravillosa. Y tu mamá es la gran cosa y la gran mamá. Yo creo que tú te has de sentir ancha de orgullo por tener esa mamacita que tú tienes. Ojalá que la cigüeña no se porte mal con ella y que Dios la bendiga mucho y que tu nuevo hermanito no le dé la lata que tú le diste, querido cariñito.

Ahora sé por qué estabas preocupada. Se te notaba un poquito; pero era una preocupación buena. En el fondo, me imagino yo que has de estar contenta con esa suave alegría tuya. Y así debe ser. Sí, es hermoso eso que sucede.

Yo no soy nada de mentiroso (tantito). Lo que sea, el retrato está feo como para no querer guardarlo. Éste, y los otros de que te platiqué. Aquí te mando una pequeña muestra del tercero. Así, igual que éste, pero en tamaño grande es como estaba. ¿Verdad que estoy muy trompudo? Bueno, eso ni quien me lo quite; pero la cosa está en que a la amplificación, al retocarla, le dejaron las trompas negras y es en el que te decía que parecía que le habían pintado la boca al suscrito (lo rompí, eso fue lo que hice). Pero por éste te puedes dar cuenta de cómo estaba. El último es el de la mirada de cobrador. Yo creo que voy a necesitar hacerme gente buena para que, cuando me retrate, no me salga la maldad por los ojos.

Por otra parte, estos ojos míos, papujados y todo, te quieren ver, sueñan y sueñan con estar viéndote y yo creo que es el único modo como se pondrían contentos.

Esta carta es muy cortita para todo lo que quisiera decirte, pero en la casa no hay luz y he tenido que venir aquí al correo a escribirla. Ahora me volveré a mi cuarto oscuro y me pondré a pensar en ti porque es lo único que puedo y quiero hacer. No he dejado en paz a Dios, pidiéndole y pidiéndole que nos ayude.

En cuanto a ti, Él y tú saben que te amo con ese amor que hace cerrar los ojos y que hace que se olviden todas las demás cosas, pequeñita y divina criatura.

Juan el tuyo

Sí.

Juan Rulfo en San Gabriel, Jalisco, *ca*. 1940.

# XXXI

*México, d. f. 4 de agosto de 1947*

Maye chiquita:

No me acordaba, hasta ahora que me dices que fuiste de rancho en rancho, de que estabas ya de vacaciones. Así que te la has de pasar re capulina y te has de ver re chistosa de ama de tu casa. Pues me supongo que ahora que tu mami está enferma, tu síster Gloria en el trabajo y tus otras dos sísteres muy ocupadas también, tú has de ser la de todo allí y te has de poner tus pantalones para que todos te obedezcan. Y eso de que te vayas al rancho está muy bien y me imagino que te has de ver muy suave de campesina. Ojalá no se te hayan hecho los ojos verdes de tanto mirar el campo verde, porque a mí, como los tenías cuando dejé de verte, era como me gustaban. Brillaban, sabes, igual que el agua cuando uno se pone a verla a contraluz; de ese modo era como brillaban siempre esos ojos que yo tengo muchas ganas de ver ahorita. Y es que eran como dos pajaritos muy traviesos y tu boca también era como otro pajarito lleno de travesura, y toda tú eras como una travesura. Por eso te quise. Pero ahora hay la circunstancia de que te quiero mucho más que entonces.

Sí, chachinita, eso pasa. Ésas son las novedades.

Ahora estoy contento porque te estoy escribiendo y porque cuando te escribo siento que platico contigo. Pero no creas por eso que no tengo mis malas pesadumbres. Hace rato aquí estaban, pero les dije que se fueran. Las corrí a todas y cerré la puerta. Les dije: hasta mañana, tristezas. Porque sé que mañana vendrán y pasado mañana también y todos los días, hasta que no pueda estar con ese amorcito tuyo y pueda verte sin descanso.

El señor de aquí al otro lado hoy no está. Si estuviera estaría tocando la mandolina y yo, al oírla, me acordaría de cuando era chiquillo y vivía en mi pueblo. Los peluqueros de mi pueblo se la pasaban todo el tiempo tocando la mandolina. Ahora ya no se usa ni nunca me ha gustado; pero me trae recuerdos muy viejos (me acuerdo, por ejemplo, de cuando se casó mi abuela). Y este señor de aquí al otro lado de mi cuarto la toca bien. Está ya muy viejito y todos los viejitos saben tocar la mandolina. Eso pasa. Ésas son otras novedades más.

No creas tampoco que se me han ido las enfermedades. Aquí las tengo todavía. Pero el médico que me examinó, me dijo que lo único que me pasaba era que estaba preocupado por algo y que esa preocupación era la que me hacía sentirme enfermo y, a veces, enfermarme de veras. Así pues, no me aliviaré hasta que no logre acabar con mis preocupaciones y pueda encontrar el remedio. Yo sé cuál es el remedio y en dónde está. Hay 615 kilómetros de aquí a donde ella vive, a donde están sus brazos y su corazón, y el cariño mío no se estará tranquilo hasta no esconderse entre esos brazos y ese corazoncito tan bueno. Eso es lo que está pasando. Y por eso no me asusto cuando me siento malo, porque yo sé que mi enfermedad tiene remedio.

Aquí, tu ciudad se ve muy bonita a oscuras. Ayer fui al cine a ver "Siempre te he querido"; es una película con mucha música y muy bonita, pero muy larga. Salí a las 12 de la noche. Me vine caminando y noté eso: que es bonita tu ciudad a oscuras, no mucho, porque había algo de luz de la luna. Salía y se metía entre las nubes y todas las siluetas de los edificios se veían muy misteriosas. Y parecía como un pueblo abandonado sin una sola luz en las ventanas, entre una noche en que me hubiera gustado que tú hubieras ido  caminando junto conmigo.

Ese ballet de Katherine Dunham que dices ya está allí es la cosa más rara del mundo. Es como si estuviera soñando. La cosa es que se distingue de los otros ballets en que bailan descalzos y casi puros rituales de los negros. Así también porque no sólo hacen el movimiento con los pies, sino que casi se podría decir que bailan con el movimiento de la respiración y también con los hombros y los ojos y los dedos de las manos y los pies y con las coyunturas de las costillas. Sí, es muy raro. Tal vez te llegue a gustar si logras verlo.

¿Ya ves cómo no soy nada de mentiroso? Antes sí era muy mentiroso, pero desde hace más de tres años se me quitó. Sentí de repente que ya no sabía echar mentiras. A otras gentes sí les digo mentiras de vez en cuando, pero no muy grandes. Son de esas mentiras que no hacen daño. Con todo, hay (y no abunda) una personita a quien sentiría decirle mentiras; lo sentiría allí donde uno acostumbra guardar el costal de los pecados.

Si te mandé el retratito fue para que te dieras cuenta de que, en tamaño grande, no resulta estar junto al tuyo ese muchacho cara de corajudo. Y sí, es muy cierto que tengo cara de chiquillo enojado; pero, ¿verdad que no soy ningún chiquillo ya? Ya soy gente grande y yo quisiera salir tal como soy, como el hombre viejo que soy. Dime si no es cierto eso. En cuanto vea que salgo así te lo mando enseguida.

Criaturita:

Estoy contigo para pedirle a Dios que ayude a tu mamacita. Y tú cuando vayas a misa y te pongas a rezar con mucha devoción pide porque todo salga bien (yo haré lo mismo) y al final, cuando ya hayas rezado todo lo que tenías que rezar y no te quede nadie por quién pedir, entonces saca algún Padre nuestro de alguna parte y rézalo por nosotros, para que se arreglen bien las cosas y no tengamos muchas dificultades ni muchos tropiezos. Yo iré el domingo próximo a ver a la Virgen de Guadalupe y le pediré por tu mamacita y por nosotros, por este par de chachinos tontos.

Y tú, acuérdate de este sujeto que se ha enamorado tanto de ti y no encuentra la paz por ningún lado, adorada chiquilla.

Juan, tu muchacho

Original de la carta XXXI, última página, fechada el 4 de agosto de 1947.

toro. Pero lo que quería yo, en ese sentido, ya se va arreglando; ahora le toca a otra cosa. Esa otra cosa es el aumento de sueldo. También de eso te avisaré.

El por qué estoy contento de que se haya arreglado lo de la casa es que, al menos, veo ahora más claro y no tan lejano el asunto como lo veía hace unos cuantos días, y también de que lo que yo pensaba no sucedió. Pues yo había imaginado que él podía haberme dicho que no me convenía vivir lejos de mi trabajo o cualquier otro pretexto; y aunque lo conozco y sé que en el fondo es bueno, casi siempre lo tienen corajudo por muchas causas. Y hubiera necesitado estar muchos días con él para encontrarlo contento.

Bueno, chachita, por lo que estoy más contento, sin embargo, es por esa carta tuya tan llena de cariño. Y más todavía por saber que pasaste tu día muy a gusto y muy alegre y porque todos los que te queremos nos alegramos contigo. Y yo que te quiero más que nadie, más aún. Sí, me da mucho gusto que así haya sido.

También por lo que me hace cosquillas el corazón es porque te haya parecido bonita esa cosa que te mandé. Tenía miedo de que no te gustara. Pero veo que sí. Por otra parte, yo había pensado enviarte una cosa parecida o semejante o igual a esa desde que llegué aquí. Había pensado hacerlo con mi primer sueldo. Me dije: lo primero que reciba yo aquí será para ella. Para esa cosita a la que quiero de un modo especial. Pero soy muy desordenado, gasté el dinero en cosas que ya no me acuerdo y no hubo nada de nada. Después ya no hubiera tenido chiste, pues lo que quería era que fuera con el primer sueldo. Ahora te platico cuáles habían sido mis intenciones, porque si antes lo hubiera hecho parecería como aquella vez que te dije: te compré chocolates, pero me los comí. ¿Verdad que no hubiera resultado?

Mientras medito en esto me estoy acordando de lo hermosa que eras cuando te vi la última vez, y comienzo a enojarme por haberme venido y no haberme quedado contigo para siempre. Allí hubiera estado más a gusto. Ten la seguridad de que en ninguna parte me sentiré otra vez seguro de vivir sino estando junto a ti. No importa que me estés regañando o que me pongas la cara seria: de cualquier modo eres la criaturita más adorable.

Te estoy queriendo mucho, mi chachinita preciosa.

Juan
tu muchacho tuyo

P. D. Desde hace rato te estoy suplicando me saludes a todos en tu casa; a través de ti siento quererlos a todos porque son muy buenos. Ojalá tu mamá esté muy llena de salud y no tenga preocupaciones.

Con el deseo de verte a cada rato, te quiere
Juan

# XXXIV

Mujercita:

Preciosa mujercita. Estoy muy loco. Has de saber que creía que ya te había escrito y me extrañaba de que pasaran tantos días y tú no me contestaras. Y tu carta aquí estaba, pero yo me imaginaba que era de hace una semana y no tan reciente. Hasta que me puse a pensar que era yo el que no había contestado esa carta tuya.

Lo que sucede en el fondo es que quisiera tener carta tuya cada cuarto de hora. Por más que las leo no me lleno. No, se acaban pronto. Y cuánto me gustaría que no tuvieran fin. Las doblo y las desdoblo y les doy vuelta y vuelvo a empezar de nuevo y me hago la suposición de que te estoy oyendo. Pero falta algo, faltan tus gestos, esos gestos feos que tú haces y que a mí me gustan mucho. Falta eso, y lo principal: faltas tú.

Fui a ver la casa. No está mal; pero lo que no me gusta es que hay mucho movimiento allí cerca y eso hace que se oigan muchos ruidos. Todavía no me la dan. Yo le dije a David mi tío que no estaba decidido a ir a vivir allí sino dentro de un mes o dos. De cualquier modo, está segura.

En la compañía todavía no ha sucedido ni cambiado nada: Tal vez el último de este mes sepa algo sobre si hay aumento o me dejan como estaba. Si me dejan con el mismo sueldo de ahora les aprieto el pescuezo a todos los señores dones de allí. El caso es, hasta ahora, que no me tratan mal; pero esto no acaba por resolver mi asunto, que es el de los dos. El tuyo y el mío. Esperaré hasta ese día y entonces hablaré con el gerente, y él me dirá lo que ha pensado decidir sobre esto. Quiera Dios, y tú, que todo salga bien.

Yo también he estado oyendo la Sinfónica. Es lo único que no me falla; pero últimamente han estado los programas medio aburridos y por esa razón no he cerrado los ojos para oír mejor, porque si los cerrara me dormiría. Luego que deje de llover volveré a salir al cerro para poder platicar contigo a gusto. Sin embargo, lo que más desearía es que las cosas se arreglaran pronto, para poder ir a verte seguido. No sé, a veces se me mete en la cabeza que, aunque este trabajo que tengo es seguro y tiene sus posibilidades, falta algo de libertad. Se siente uno medio esclavizado y no se puede disponer del tiempo, Clara Aparicio.

Acaba de salir un cuento de este tu muchacho en la revista América: "Es que somos muy pobres", así se llama; pero no te lo mando porque está algo coloradito. Parece que lo van a publicar en el "Novedades" próximamente. Pero no te conviene leerlo. Clara Aparicio, chiquilla adorada, no, no sabes de qué modo le he estado pidiendo a Dios por nosotros, porque se nos componga el mundo. Él sabe lo que yo te quiero y no se animará a cerrar los ojos sobre nosotros. ¡Tú eres tan buena!

Aquí te mando este otro retrato. Como ves, también salí corajudo. Y es que lo estoy por no poder verte, por sentir que me tienen maniatado y no me sueltan para ir a esos consoladores brazos tuyos y estarme allí para toda la eternidad en ese como nidito que eres toda tú, Clara.

Ojalá tu mamacita esté muy bien y que a ti se te acabe el miedo. Usted siempre ha sido valiente. Salúdamelos a todos.

Siempre estoy pensando en ti, y siempre te diré que ahora te estoy queriendo mucho más que a otras horas.

Juan el tuyo

Juan Rulfo, agosto de 1947.

# XXXV

Mujercita:

¿Verdad que salí rete corajudo? Ésa es la cosa, que no sé de dónde saco esa mirada tan furiosa siempre que me retrato. Por eso es que no me gusta hacerlo. En cuanto al corte del ídem es, según el fotógrafo, el estilo que él tiene, pero yo más bien creo que le salió fuera de foco la parte que falta y tuvo que cortar para que no se notara. Sí, tú sigues siendo la muchachita trucha de todos los tiempos; no se te va ni una y no fijándose, no fijándose, ves todo. Eso fue lo que pasó: al retrato le faltan las orejas; pero esto no es obstáculo para que yo te oiga muy bien y ponga mucha atención a lo que tú me dices.

Me está dando mucho gusto saber que estás contenta y que ya estás aprendiendo a distraerte. Eso quiere decir que todos en tu casa están bien y que las cosas van caminando por el buen camino. Me da mucho gusto, Clara Aparicio.

Oye, Angelina, esa fotografía que me cuentas te sacaron en el jardín de San Francisco con traje de valenciana y junto a la estatua, me están dando muchas ganas de verla porque ese juego de las dos estatuas se ha de ver bonito y, además, quiero verte ese traje tuyo que no me acuerdo cómo es.

De lo que me dices del cuento se me está ocurriendo decirte que está mal; ahora que lo leí ya impreso no me gusta y es que realmente está muy mal escrito. No creas que te estoy contando un cuento por no mandártelo, pero la verdad es que he estado fallando en eso de escribir. No me sale lo que yo quiero. Además, se me van por otro lado las ideas. Y todo, al final, se echa a perder. Si logro hacer ese de "Una estrella junto a la luna", de que te platiqué en cierta ocasión, te lo mandaré a la carrera antes de publicarlo para que le des el visto bueno. Eso lo haré cualquier día de estos. Cualquier día en que llegue a sentirme tranquilo (lo dudo mucho). Aunque yo sé bien que no será posible hasta que no encuentre la manera de tenerte a un ladito mío y pueda estar viendo a esa gentecita a la que quiero tanto.

Angelina, amorcito feo. Aquí los días y las noches cada vez se hacen más cortos y el tiempo más pequeño. A veces quisiera estar en algún perdido lugar de algún cerro para poder ver pasar el tiempo y agarrarlo y ver si se detiene. En ese momento quisiera estar contigo, cerquita de tu corazón. Eso quisiera. Esta ciudad tuya, cuando tú me escribes y te siento platicar, es la gran ciudad; pero a veces no, a veces, cuando pienso lo lejos que estás, me entra un sordo aborrecimiento y cuelgo el pico y tarda muchas horas en quitárseme la tristeza.

Sin embargo, yo tengo una fe muy grande en ti, creo en ti y en Dios, y en lo demás no creo. Y Dios sabe poder porque siempre ha sido así, poderoso. Y Él sabe que yo tengo tanto cariño por ti que ya resulta pequeña mi conciencia para soportar lo que, estoy seguro (no sé), pero siento en lo hondo una gran seguridad en que saldrá todo bien, tarde o temprano, pero todo saldrá bien, adorada mujercita.

Aquí no ha sucedido nada últimamente. El señor de la mandolina, ya de tan viejito como está, se la pasa dormido todo el día y no la toca para nada.

Entretanto, ya no me queda aquí ningún pensamiento; todos se han ido para allá, a veces en montón, a veces de uno en uno, pero todos se me están yendo para donde tú estás.

Espero esos retratos tuyos. Me urgen mucho. Ojalá cuando se regrese el tren en que va esta carta se vengan para acá ellos.

Guárdame aunque sea un momento (ininterrumpido) en tus recuerdos. Yo me quedo pensando en esa cosita hermosa y tiernamente querida que se llama la chachina.

tu
Juan


Criaturita divina.

Clara, 1942.

# XXXVI

*México, D. F. 4 de septiembre de 1947*

Mujercita:

Dices que te extrañó mucho que te haya escrito con mucha rapidez; yo siempre te escribo muy rápido, pero yo creo que a veces el correo no reparte aprisa las cartas y las deja dormir y por eso no las recibes luego luego. De cualquier modo, a mí me gustaría poder llevártelas yo mismo, o meterme adentro del sobre para asomarme y verte cada vez que te escribo. Eso es lo que yo quisiera.

A veces me imagino que has de estar mucho más chula que como estabas cuando te dejé de ver, ya que ahora, con las lloviznas, has de haber retoñado y florecido como nunca.

En cuanto a mí, has de saber que estoy más flaco y más descolorido y más chaparro que hace cosa de seis meses, porque me he vuelto más viejo y más enamorado. Y tú sabes de qué modo.

Ya no sé reírme. No, ya ni aquellos pujidos que yo daba en lugar de risa, no los doy ya. Pero yo creo que con el tiempo volverán, volverán en cuanto te vea y me dé cuenta de que eres tú la causa de que yo haya vuelto a conocer la alegría.

Claris, pequeñita:

No te creas lo que te estoy contando. Estoy contento casi a diario, estoy contento porque sé que tú no eres ya una esperanza, sino una cosita viva y existente y porque de ese modo tengo algo en qué pensar y en quién creer y a quién darle todo este mi cariño tan grande. No me canso ni me cansaré nunca de este sentimiento, porque sobre eso camino y porque sé que para mí no habrá nada mejor que esa criatura tan llena de ternura que tú y yo conocemos.

Estoy pensando que te estoy escribiendo una carta de esas que les dicen cartas de amor. Pero no te creas, esta carta es de puros negocios. De esos negocios que tú y yo tenemos y que, aunque no dan dinero, dan algo que no se puede conseguir con ningún dinero. Y no me canso de sentirme orgulloso, infinitamente orgulloso de ese corazón tuyo tan amigo mío.

Chachina, queridísima chachina. Lo único que me desespera es no poder ser tan fuerte y hábil para resolver pronto nuestros asuntos. Pero pronto se arreglarán, estoy seguro de eso, así como tú debes estar segura de mí.

Entre las cosas que tengo que contarte está esa de que no me voy a enojar porque no me hayas mandado tus retratitos. Ya me los enseñarás después. Pero eso sí, no vayas a esconder ninguno porque me quiero quedar con todos.

Y también me quiero quedar contigo, con toda tú. Que tú ya te quedaste conmigo desde hace mucho tiempo y yo ya no soy yo, sino que tú eres los dos juntos. Por ahí va la cosa.

Por otra parte, desde hace rato te estoy ruegue y ruegue que me saludes a tu mamacita y a toda la gente de tu casa. Ojalá que todos estén bien.

Tu encargo ese de que me porte bien no lo he olvidado ni un momento. Así que, cuando vaya yo a verte, no te sueltes jalándome las orejas ni regañándome. Lo que sea, me he portado regular. Aunque a veces amanezco con muy malas intenciones, el aire de la mañana me las quita y tu recuerdo las borra por completo.

Tú me perdonarás, pero tengo que decirte que tu chachino tiene muchos, pero muchos deseos de verte y me encarga que te mande un abrazo muy fuerte y muchos besos, de esos muy duraderos, que le quitan a uno la vida y luego se la devuelven. Eso me encarga él.

Yo no hago más que quererte. No sirvo para otra cosa ya, sino para quererte, chiquilla fea.

tu hijo Juan

# XXXVII

*México, D. F. 18 de Sept. 1947*

Querida mujercita:

Ya estoy aquí otra vez. Llegué bien aunque muy desvelado. Y si no pude dormir, en cambio me pasé todas las horas de la noche pensando en el mañana. En ti y en el mañana.

A veces creo sentir que estoy soñando; que tú y tu cariño son un puro sueño. Así me parecía todavía ayer, antes de que supiera que realmente querías ser mi mujercita. Y ahora que te siento más admirable aún, pienso cuán inútilmente me desesperé tanto tiempo. Pues si yo hubiera sabido ver, si hubiera estado en mis manos conocer antes la alegría que tú ibas a significar para mí, siempre, en cada hora de mi pasado hubiera sido feliz, porque sabría que al final de todo estabas tú, con ese amor tuyo tan hermoso. Y créeme, no dudé nunca de tu corazón. Eran mis pensamientos los que me llevaban y me traían de un lado a otro por puros campos de tristeza. Y luego, ahora tú, borrándolo todo, acabando con muchos años de desaliento. Es por eso que todavía, en ratos muy seguidos, pienso que estoy soñando. Porque, ¿cómo puede Dios ser así de bueno conmigo, cuando yo he sido muchas veces malo con Él?

¿Quién sino tú eres lo más querido para mí, y Él me lo da, como si de pronto se me ocurriera pedirle lo imposible, y me lo concediera? ¿Dime, Angelina, eres acaso un ángel de este mundo?

Clara Aparicio, amorcito, tengo aquí una deuda para los tuyos. Una deuda muy grande. Pero no tengo con qué pagarla. Diles a ellos que me perdonen mi torpeza para agradecerles. Pues me doy cuenta de que no bastarían ningunas palabras ni ninguna otra cosa para mostrarles mi gratitud; que yo mismo soy pequeña cosa para ese bien que ellos me dan en cambio, y aunque reconozco su sacrificio, no bastará que yo sea todo lo bueno contigo para igualarlo.

Y sin embargo, ésas son mis intenciones; ser para ti como ellos quisieran que fuera. Y lo seré, Clara Aparicio (aunque difícilmente pueda alcanzar la nobleza que ellos tienen); trataré de portarme bien. Y cuánto quisiera que ellos tuvieran esa seguridad. Y cuánto más quisiera que conocieran mi reconocimiento.

He intentado escribirle a tu mamacita, pero ya van dos cartas que hago y no me gustan. Acabo por sentir que no es ése el modo como podría agradecerle toda su bondad. Desearle que Dios la bendiga siempre y en cada hora, todavía es poco para la gratitud que ella se merece. Dile que lo único que sé es que seré bueno con la chachina. Dios sabe que eso es lo que siento aquí, donde dicen que está la conciencia del bien. En cuanto al mañana, tengo fe en que todo saldrá bien y que las cosas se arreglarán muy pronto. Además, tú eres algo así como milagrosa para arreglar bien todo. Dices algo, y enseguida se acaban los problemas. Sí, eres la gran amiga de uno y no por nada es que uno te quiere. Estoy buscando el retrato de las flores azules. Mañana le escribiré a mi hermano para que no se le olvide lo del rancho. Quiero que esta carta se vaya pronto, pues me entretuve escribiendo otras que no mandé por lo que ya te dije. Aquí hay sol, nubes altas y un poco de aire. Te voy a decir algo en secreto: te amo terriblemente, chiquilla adorada.

Juan

# XXXVIII

*México, D. F. 7º día después del 15 de Septbre.*

Clara:

Corazón. Ya se fueron las nubes. Tú miras para todos lados y no ves nubes. Sólo un cielo azul y una grande, pero muy grande esperanza.

Desde hace muchos años, los hombres han luchado por lo que quieren. Muchos, los que no conocen otra ambición que las cosas materiales, han llegado a odiar la vida porque jamás pensaron en ella ni supieron que el tiempo... Pero para qué te hablo de esto. Yo lo que quiero decirte es que te amo. Tan suave, y con tanta ternura que no me ajusta el tiempo para pensar que contigo la vida es demasiado hermosa.

Aquí a un lado del Sagrario hay una estatua que dice: "Extranjero, si amares la virtud, mira y contempla: éste es Fray Bartolomé de las Casas, padre de los indios." Eso dice esa estatua. Pero yo, desde lo más hondo de mi más pobre y humilde condición, me digo siempre: Clara es la virtud, que ha hecho de mí un hombre más amigo de las cosas humanas. Más amigo de la vida.

Más amigo tuyo que ningún amigo tuyo. Y yo te veo así, noviecita, algo en quien yo confío, alguien con quien compartiría mis ratos buenos y a quien no le ocultaría mis ratos malos. Tú y yo de la mano como dos buenos amigos; como dos buenos compañeros, unidos para caminar sobre el ancho mundo. Y que no bajen las nubes, que nunca bajen sobre nosotros. Tú, aire de las colinas, las espantarás con esa virtud de que estás llena.

Estamos viviendo el tiempo de las vacas flacas, cuando los pobres son más pobres y a los ricos se les merma su riqueza. Pero nosotros no fuimos los que escogimos el tiempo para vivir. Nacimos por milagro y todo lo que nos sigue dando vida es milagroso. Por eso no dudo, y menos aún ahora, de que los dos juntos seremos más fuertes para aguantar el amor o la alegría o la tristeza o lo que venga. Así seremos tú y yo: esos buenos amigos que se llaman Clara y Juan serán como la piedra contra la corriente de los ríos, muy firmemente aliados contra todo, y haremos un mundo. Un mundo nuestro, tuyo y mío, para los dos.

Eso quisiera para ti. Darte cuanto existe. Pero no podemos ser como dioses; no somos más que pobrecitos seres humanos, y tenemos que pedirle a Él que mire por nosotros. Que abra sus grandes ojos sobre este par de muchachitos suyos y que no nos falte nada.

Sin embargo, a veces creo que es pedirle mucho. Yo le pedí tu cariño y me lo dio. ¿Qué más sobre eso pudiera yo pedirle?

Se llama Clara, Señor, le decía yo, mírala, mira cómo es una de las más hermosas de tus criaturas, parece como si fuera una travesura tuya, un juguetito que pusiste sobre la tierra para descansar tus ojos en él, cuando te sintieras cansado de mirar todas las demás cosas. Y yo la quiero, Señor, haz que ella conozca lo mucho que la quiero. Eso le decía yo todavía ayer, todavía ahora y se lo seguiré diciendo siempre.

Me gustó cuando tu mamá nos dijo que éramos un par de miedosos. Me gustó mucho. Me pareció como si eso nos uniera para comenzar a pelear contra el miedo, que en este caso se pudiera llamar temor hacia el mañana. Pero yo no tengo miedo, nada; pura confianza; veo ahora las cosas de un modo tan tranquilo que casi estoy seguro de que serán fáciles las dificultades. Mi miedo de aquella noche era que nos dijeran que no. No era otro.

Quisiera decirte muchas, pero muchas cosas en secreto.

# XXXIX

*México, D. F. a 30 de Sept. 1947*

Mujercita:

Ya le llevé a la tía Julia tus medidas para que ella, que conoce dónde hacen los disfraces, mande hacer el tuyo. Ojalá no se equivoquen y salga bien, porque quien lo llevará no tiene nada equivocado y, en cambio, sí tiene un cuerpecito muy fino y ella sabe verse preciosa donde quiera. La cosa es que, aunque tarden en hacerlo, pueda estar contigo un tiempo antes, para que se le hagan las composturas si es que son necesarias. Lo que se me pasó preguntarte es si el escote va a ir así o un poco más sobre los hombros. Y si las mangas van a ser transparentes o de la misma tela del cuerpo del vestido. Estaría bueno también, chiquilla, que fueras haciendo una listita de lo que se va a necesitar, tú que tienes más calma que yo, pues aquí ando como diablo queriendo conseguir la casa para ir siquiera comprando algún clavijero donde tú puedas colgar tus cosas.

He estado un poco retrasado en eso, debido a que estoy esperando la contestación de mi hermano, para saber ya con lo que cuento. Pero de cualquier modo la listita tuya con lo más necesario la voy a necesitar muy pronto. Lo de los zapatos de ballet son para que camines más a gusto cuando vayas al Popocatépetl o andes por los largos, largos corredores de tu casa (palomar). Ojalá y pronto pueda conseguir la casa, porque si no me va a ir mal. Y yo quisiera que, entre menos dificultades hubiera, fuera mejor. Tú sabrás darme una ayudadita desde allá. Oh, ya sé que no me has abandonado, sino que, por el contrario, me has dado más alientos que nunca y yo sigo pensando en ti como el fin que busco con todas mis fuerzas. Y todos los días amanezco pensando en tu corazón y en el dulce cariño de mi mujercita.

Pues en esos días, entre mi carta y la tuya bajó un poco el termómetro de la esperanza económica. No quise aceptar el puesto de agente de la compañía para los estados de Michoacán y Guanajuato. Primero me dio gusto, porque era muy bueno el sueldo; pero el tío Phelan me explicó que yo no iba a tener derecho a pedir ningún cambio a la compañía, ni al Distrito Federal, ni a ninguna otra parte. Entonces pensé en nosotros. Antes de decidirme pensé que así, tal como estaban las cosas, no iríamos a vivir en ninguna parte, sino siempre vagabundeando de un pueblo a otro. O en caso de que tú te quedaras en México estarías sola por muchas semanas, solita allí, tú, en un lugar tan extraño y tan solo como es esta ciudad. Porque yo iba a valerme de ese chanchullo; iba a aceptar y después, cuando ya estuviéramos juntos, les iba a pedir que por todo lo que ellos quisieran, sus dioses y sus máquinas, me dejaran en el Distrito; pero se me adelantaron. Eso pasó. Parece como si hubieran adivinado que lo que quería yo era ser agente, y después de lograrlo decirles: yo no me muevo de aquí. Pero no se pudo. Y de tener en la mano ese mejoramiento me quedé aquí, como antes, como ahora, esperando alguna nueva oportunidad. Por otra parte, tu tío el teniente coronel no ha ido a ver al tal Figueroa; pero como te dije a ti, voy a hacerle la vida pesada hasta que lo haga. Así pues, a pesar de todo, no me desavalorino y tengo la seguridad de que el termómetro volverá a subir, y ya no dejaré que baje.

Por ahora estoy esperando la carta de Chévero mi hermano, a ver qué me cuenta él y qué cuentas me da. Sobre eso sabré ya con qué cosa comenzar.

Amorcito, no sabes cuántas ganas tengo de decirte que todo está arreglado, que no falta nada. Quisiera que fuera ya desde ahora, para dedicarme todo a ti por entero y sin ninguna otra preocupación. No, no sabes cómo me enojo con mi trabajo y con los días de muchas ocupaciones, porque me roban tus pensamientos, porque me alejan de esa vida que tú me das. Me enojo mucho, chachinita querida. Y a veces quisiera dejar todo para ir a donde tú estás y ya no moverme nunca de tu lado. No, no puedes imaginar hasta dónde alcanza tu ternura, y la que yo te guardo en mi corazón, tuyo.

Juan

Mándame un hilito con la medida de tus dedos. Y más besos.

# XL

México, D. F. a 3 de octubre de 1947

Mayecita:

Antes que nada, tengo que decirte que tu carta, al verla, me dio un susto de los grandes. Pensé que algo malo había pasado en tu casa. Pero gracias a Dios que no. No, que nunca pase nada malo ni a ti ni a los tuyos. El corazón me tiembla un poco todavía, pero ahora es por tu cariño. Sé cuán pequeño soy para soportar el amor que te tengo y, aun así, mi único deseo es quererte más, cada vez más y con más fuerzas.

Chiquilla: eso que me dices de la intención de tus papás lo creo justo. Ellos saben muy bien que las cosas que se hacen de prisa muchas veces salen incompletas, pues por bien que hubiéramos arreglado todo, tal vez nos habría faltado alguna cosa importante. Ellos saben eso. Tú y yo no, porque somos un parecito de locos (yo más). Pero también la culpa es mía por haber dejado pasar tiempo y esperar hasta el último momento, creyendo que los días eran muy largos y los meses infinitos y eternos; pero es que así se me hacían a mí porque quería estar contigo. De cualquier modo, ahora procuraré que todo esté listo, igual que si fuera a ir por ti en diciembre. Así, después se irán llenando los detalles que falten. Y, como tú me dices, ojalá pueda yo conseguir esa cámara a la que le tengo muchas ganas; pero quisiera hacerlo y procuraré hacerlo desde ahora para que dentro de unos meses ya esté encarrerado por ese camino. También quiero decirte que eso se nos había pasado: preguntarles a tus papás su opinión en el sentido de la fecha, y es que yo te veo a ti nada más y nada se me ocurre sino pensar en ti. Por otra parte, aquí en tu tierra hace mucho frío en diciembre, y tú, viniendo de los calores de allá, te me helarías llegando. Abril está lejos, pero me gusta ese mes, y lo que más me gusta, con todo, es que tanto los de tu casa como nosotros estemos de acuerdo. Y así, como te digo antes, no serán las cosas improvisadas ni a las carreras y tal vez yo esté mejor, mucho mejor que ahora y no te lleve a tener a cada rato hambre y a cada rato frío y siempre puras penas. No, no quiero eso para ella; para ella quiero todo lo que hay en el mundo y en el Cielo, pero nada de lo que hay en el Purgatorio.

Amorcito:

Me da mucho gusto saber que te voy a acompañar a bautizar al chachino de tu mamacita. No sabes cuánto me alegra que nosotros seamos los padrinos de esa cosita y, aunque no me lo dices, pienso que será en diciembre, cuando vaya contigo.

Y tú sigues siendo la cosa más preciosa para este muchacho, y la confianza que te tengo me da lugar a decirte que sigo con mi fe puesta en ti y con mi vida amarrada a la tuya. Nada podrá hacerme mejor que poder ofrecerte todos mis esfuerzos, ni nada me pondrá triste sabiendo que no te olvidas de este muchacho tuyo que te quiere tanto.

Mañana te escribiré para platicarte otras cosas que tengo que decirte. Ahorita se está haciendo tarde. Estoy todavía en la oficina, y esta carta quiero que se vaya hoy para que conozcas cuánto estoy esperando que el tiempo pase pronto y que después, cuando ya pueda estar contigo, que el tiempo no camine, que se detenga, para poder verte sin ninguna prisa y tener muy cerca, pero muy cerca, ese corazoncito tan amigo y tan bueno.

Con toda el alma

Juan

Salúdame a todos, especialmente a tu mamacita.

# XLI,

Chachita:

Estoy siguiendo la carta otra, la que te escribí no hace ni tanto, en la que te dije que tus papás tenían mucha razón y que en todo obedeceríamos lo que ellos creyeran mejor para nosotros. Y en la que también te decía que no quiero por nada del mundo que toda tú te llenes de sufrimientos. La cosa es que lo que más deseo es que seas feliz, y ganar esa pelea, la de tu felicidad, es el anhelo más grande de tu chachino, que él (yo), con sólo que estés a un ladito suyo, ya lo es.

Ahora vamos a lo que me faltó decirte porque no me alcanzó el tiempo, y es que ya recibí la contestación de mi hermano, en la cual me dice que está dispuesto a entregarme la morralla a la hora que la necesite. Y que únicamente le diga si la quiero toda de una vez, o en parte nada más. Antes de contestarle he pensado contártelo a ti, para que me ayudes a hacer el plan de los gastos, pues del modo que sea, y aunque yo gaste en lo que tenga que hacer, eso que me tenga que pagar él es de los dos, y los gastos que yo haga es como si tú también los hicieras. Aún no sé cuánto me vaya a dar él por el ranchito, y creo que no será mucho; de cualquier manera nos servirá para comenzar y para la compra de clavijeros y sillas y jarros y cazuelas y el metate. Y tú debes ponerte muy aguzada, para que yo no me suelte gastando en chivas raras ese dinero con que contamos. Porque tú ya me conoces mis malas costumbres y fuera la cantidad que fuera desaparecería de la noche a la mañana, como ya ha sucedido otras veces. Por eso estaba pensando que, pongamos por caso, me diera una parte a principios de noviembre y otra después, para el agasajo. Y la primera utilizarla en lo más necesario y la otra para irnos de parranda tú y yo, como buenos amigos. Eso he pensado. De cualquier modo, él me entregará esa primera parte antes de diciembre, pues ya le dije que era en diciembre cuando nos íbamos a casar, y en cuanto la reciba ya te avisaré para que sepamos en qué y para qué cosas nos puede servir. En eso quedamos.

Por otra parte, tu vestido comenzarán a hacerlo la semana próxima, pues la tía Julia me dijo que el lunes, más o menos, iría comenzando a buscar quien lo hiciera mejor.

El teniente coronel ha estado enfermo otra vez y debido a eso no ha podido ir a arreglarme mi asuntito. Sin embargo, en la compañía me siguen dando alas. Sabes, Chachina, en la tal compañía de que lo mejoran a uno lo hacen con ganas, y si yo he tratado y trato de buscar otros caminos es únicamente porque no me gusta el medio ese de las llantas, ni la gente de allí: una bola muy grande de gachupines neurasténicos que con sólo verlos se le revuelve a uno el estómago. Eso es lo que no me gusta de la Goodrich-Euzkadi; pero mientras no consiga otra cosa mejor me tendré que aguantar allí, que, como te decía en alguna de las mil cartas que te he escrito, tengo un empleo seguro.

El domingo que viene iré a visitar el Popocatépetl, y le gritaré muy fuerte tu nombre, para que él te vaya conociendo y sepa que tú eres la mujercita más preciosa y buena que hay sobre la tierra. Y también desde allí, donde uno está más cerquita del cielo, le pediré al Señor por nosotros.

Desde hace mucho rato te estoy pidiendo me saludes a tu mamacita y a todas las cosas suaves que hay allí en tu casa. Y estaría bueno que me contaras si Gloris todavía sigue siendo aficionada a la fotografía.

No te olvides de tu muchacho. Y sobre todo no te olvides de darle muchos, muchos besos a esos ojitos tuyos tan endiabladamente hermosos y queridos, adorada mujercita.

Juan

Juan Rulfo en el volcán Iztaccíhuatl:
al fondo se alcanza a ver el volcán Popocatépetl, *ca*. 1947.

# XLII

Chiquilla:

Me duele en el alma decirte que ya conseguí el apartamentito. Pero no me duele por haberlo conseguido, no, sino porque está muy feo. No es como yo lo quería. Yo quería algo con alguna ventana a la calle y muchos árboles enfrente. Y éste no tiene ni siquiera la dichosa ventana a la calle. Tiene dos, pero dan a un patio y están en un segundo piso. La cosa que ocurrió fue que la gente no quiso desocupar el que a mí me gustaba. Y como aquí las leyes son muy duras no pueden obligar a nadie, de ningún modo, a desocupar el lugar donde vive. De esa manera tuve que aceptar el que estaba desocupado, por no haber más y por lo pronto, ya que pasado algún tiempo y si nos va bien podremos encontrar una cosa mejor. La única ventaja que tiene es que no es todavía tan chiquito como los que están construyendo ahora, y también que podríamos decir que es de nosotros, igual que si lo hubiéramos comprado, ya que no nos lo pedirán jamás, y sólo que nosotros quisiéramos dejarlo lo dejaríamos. Además, la renta podría considerarse como si se estuvieran pagando contribuciones, y aun menos. Ésa es pues la única ventaja: que es como nuestro, tuyo y mío y de los dos.

Sin embargo, tengo algo de miedo de que no te vaya a gustar a ti, porque no hay allí ni donde poner macetas, ni pájaros, ni perros ni gatos ni nada de esas cosas movedizas que a ti tanto te gustan y que a mí también me gustan. Pero estoy pensando que tú eres muy inteligente y sabrás arreglarlo para que no se vea triste. Por otra parte, la casa es nueva y, como te digo, el defecto que tiene es que está con los ojos mirando hacia adentro.

Yo he estado procurando encontrar algo en algún lugar bonito; pero en los lugares bonitos vive pura gente fea y sin vergüenza que pide rentas con las cuales en un mes juntaría para irse a Europa ida y vuelta.

Por lo pronto está esto. Y si tomamos en cuenta lo difícil que está aquí conseguir ya no digo casa, sino un cuarto para vivir, es pues haber dado un paso adelante.

El departamento está en la colonia Narvarte, en una calle que le dicen el Eje 2, y me lo entregan el día 15 de este mes. Le están dando una polveadita, pero para ese día ya estará listo. Y en caso de que me vaya a vivir allí de una vez yo te avisaré tantito antes.

Lo único que quiero explicarte antes de contarte otros cuentos es que no vayas a pensar que el lugar es de rompe y rasga; no, nenita horripilante, la colonia esa es nueva y hay puros edificios nuevos y hasta una pastelería para ir a comer pasteles. Hay que pasar por barrios muy bajos como el de Niño Perdido, donde todo está lleno de basura y de pulquerías, pero entrando a Narvarte la cosa cambia y cambian el aire y las gentes, pero tú no vayas a cambiar, así de luminosa como eres, así te quiero para siempre.

Me preguntas que para qué quiero tus manos y sí, es para lo que tú me preguntas. Para eso es.

Me dices que tu carta es larga, pero viste mal. Yo la encuentro muy cortita, pero ella es muy chula y a la gente chula como usted le gusta decir mentiras, una tras otra, de a montón.

Eso es por ese lado de las cosas.

Por el lado bueno estás tú, con esa sonrisita que no se me puede olvidar. Y el puro dulce que tú eres lo siento a cada rato, dándole sabor a la vida.

He tomado nota de que hay que ir muy elegante a tu boda, aunque te voy a decir que en mí nadie se fijará. Pues la gente no acostumbra fijarse en los invitados, aunque en este caso tú me hayas invitado para acompañarte; de cualquier modo dirá cuando me vea junto a ti que sólo ando allí para detenerte tantito de tu brazo. Dirán: ella lleva tacones altos, muy altos, y se sabe caer, por eso viene ese sujeto a su lado; ella lo invitó para que la hiciera de novio en su boda, pero nada más.

Porque tú sabes cuánta envidia hay en este ancho mundo. Y ellos sentirán que no los hayas invitado para ir de novios tuyos como me invitaste a mí. Y les dará coraje ver eso. Pero se quedarán con su coraje para siempre, porque ninguno de ellos, por más que diga, te amaría como yo te vivo amando, ni casi siquiera.

Sí, mayecita querida. Me están entrando ganas de decirte muchas cosas; cosas como esas de que tú tienes toda la figura de la felicidad y que eres como la sonrisa del cielo, cosas por el estilo, pero no quiero decírtelas, porque te pondrías tus moños.

Eso se dice de otro modo, se debe decir en secreto y que no lo oiga sino tu corazón, porque es a tu corazón a quien yo más quiero.

Juan

Mándame más.

   Si yo lo hiciera no encontrarías ya dónde ponerlos.

Clara, 1947.

Fotografía de Juan Rulfo.

# XLIII

*Octubre 17 de 1947*

Mujercita:

¿Cómo tomarías tú las cosas si te dijera que a veces me dan ganas de irme para allá? A veces, en alguna noche, pienso en eso, y me llegan ciertos pensamientos de ese lugar y muchos recuerdos buenos, de los días en que vivía esperando la hora de ir a verte. Fue el mejor tiempo, en el cual Guadalajara era para mí el sitio mejor del mundo. Pero era por ti. Yo sé eso. Y es tal vez el pensamiento tuyo el que me hace que cada día sea más pesado y difícil aquí, en esta ciudad, donde me siento cada día más solo. Chiquilla adorada, no te imaginas cuán viejo estoy ya, cuántos años siento que se me han venido encima de una sola vez. Quizá tú no lo notaste ahora que fui allá contigo; pero es que seguramente tenías los ojitos cerrados y no viste lo ya para el otro lado que está tu muchacho. O quizá no se me note; pero yo siento eso: siento que en este tiempo se me ha envejecido más el corazón.

Me acuerdo que yo casi me sentía tu hijito cuando estaba cerquita de ti. ¡Eres tan amorosa y tan buena! Que aunque no te lo he dicho otras veces, los meses que llevo aquí no los he vivido, he estado como muerto. Mi voluntad se ha roto muchas veces y si no fuera por ti no se hubiera remendado ya más; pero tú me has sostenido, mantenido y criado en tu propia alma. Y eso es lo que ha hecho que resista.

Porque tú no sabes, no, nenita chula, no imaginas cómo he aguantado las altas y las bajas del termómetro del desaliento. Y quien me ha ayudado eres tú, y de nadie más he recibido ninguna nada de ayuda.

A veces, cuando ya estoy aquí, después del trabajo, y me pongo a pensar, siento cuán grande es mi deseo de tranquilidad y de paz y llego a creer que mis problemas no son los problemas de todos los demás, y que la voluntad de resolverlos no es suficiente y que el estímulo alivia un poco, pero no cura; eso siento, pero en el fondo hay una fuerza que me alienta, que me hace ver que en la vida no todo es pura alegría y que, cuando se nos da algo, algo imponderablemente valioso como ella, dulce como ella, parece como si se nos quitara lo demás.

Más tarde, cuando ya Dios quiera que estemos juntos, te explicaré todo lo que quiero decir con esto. Es muy largo de contar.

Y sí te llevaré a los pastelitos (si te portas bien) siempre, porque yo sé que nada ha de faltarnos, porque estando tú contenta —y es por eso por lo que estoy peleando— estaré yo igualmente contento y, siendo tú feliz, lo seré yo.

Cuídese usted mucho ahora, en este tiempo en que sabe llenarse de catarritos.

Amorcito, es bueno que sepas desde ahora que nunca se acabará este cariño infinito que te tengo. En ninguna hora.

Y dale muchos besos a la chachina y un grande y muy fuerte abrazo a su corazón. Te encargo mucho que lo hagas.

Juan

# XLIV

Maye:

Aquí, en secreto, te voy a decir una cosa: eres divina. Siempre ha sido ella así, pero ahora más, no por algo ella es lo que más se quiere; no por algo uno le guarda tanto amor. Infinito, para ese corazoncito tan lleno, para la pureza de su alma, para toda ella, tan querida y tantas veces soñada y recordada.

Clara Aparicio, dulce y adorada chachinita, ya me voy a portar bien, voy a levantar la cabeza como cuando estaba allá contigo y me sentía ancho de orgullo al acompañarte. Y me volveré muy aguantador. Ya verás cuán resistente a todo (menos a tu cariño) se volverá este muchacho tuyo y de nadie más.

No, nunca he besado una carta tuya tantas y tan tupidas veces como ésta que me escribiste ahora. Sí, regalo del cielo, nunca.

El domingo, como te dije antes, fui siempre al Popo. A pesar de lo nublado que estaba y del frío que hacía allí había un gentío de gente. Y yo no pude sacar ninguna fotografía porque el señor no se dejó ver en todo el día. Pero volveré otra vez. Eso dije allí: volveré después y escogeré un día de sol. Tal vez para entonces seamos ella y yo los que vendremos. También me dio coraje haberlo encontrado así porque me habían prestado una cámara de cine y quería ensayar con él.

Tienes razón al decirme que si a veces me desavalorino es porque me siento solo. Y así es. Y aunque los que saben dicen que en todas partes se sentirá uno igual porque el alma se lleva a todas partes y está con uno en cualquier lugar, yo sé que no, yo sé que mi alma bien entera está allá, junto a ti, y eso no me lo podrán quitar de la cabeza los que dicen que saben.

A mis parientes no los he ido a visitar. Todos se quejan de que están mal los negocios y de que se las ven muy negras y que la lucha es muy difícil, y aunque puede ser y no, lo mejor que he hecho es no ir a verlos, porque para oír quejidos aquí están los míos. Y yo sé que si a veces me quejo contigo es porque eres tú la única cosita reconfortante que yo tengo en el mundo. Y también es porque yo vivo de ti, y tú me prestas la vida que yo necesito. Por eso es.

Dios quiera que dentro de dos meses pueda ir a verte y queden ya arreglados nuestros planes. Vamos a tener también que bautizar al chachino nuevo; tú cuida muy bien de que no se nos adelanten con el bautizo, porque tengo muchas ganas de que tú y yo seamos compadres de tus papás. Ojalá que ellos estén bien y que diario esté de visita en tu casa la felicidad.

Pronto comenzaré a decirte que no te olvido ni un momento, y eso ya lo sabes tú; ¿qué más podría ya decirle a ella, que tiene allí desde hace mucho el amor de su chachino?

Juan

# XLV

*Oct. 31 de 1947*

Criatura:

No, ella nunca sabe cómo la quieren, ni se da cuenta de que alguien vive dentro de Ella, como si Ella y él fueran una misma cosa. Ella es así, nunca le dan catarros (cada dos o tres días) y está gordita ahora porque se ha dedicado a comer nata. Ella siempre ha estado gordita, llena de cachetes; pero de pronto se le ocurre que no, que está enflaqueciendo y luego le da por eso: por comer nata, y a veces por no comer, porque Ella dice que ya está peso pesado y la báscula no la puede: la basculita que Ella tiene en su casa y que sirve para pesar pájaros y al gato; al perro ya no, porque el perro está muy gordo. Luego es rete trucha. Dice que uno la asusta y la hace hacer diabluras. Pero Ella está allí, endiabladamente preciosa, haciendo que uno esté más loco cada día por Ella.

Chamaquita:

Quisiera contarte más cosas de Ella. De esa fulanita que es como el aire de muchos bosques juntos. Quisiera. Pero a Ella no le gusta que platiquen de Ella. Es una gente muy rara, sabes, muy hecha para que uno la sueñe cuando uno ha merendado únicamente una pura y sola naranja y que, por eso, los sueños no son pesados, sino livianos y con el sabor azucarado que Ella tiene en la mirada. Y, como te decía, es rara. Vive por dentro. En su interior, allí donde tiene el montón de corazones, allí donde está su alma, allí vive Ella. Y no dice nada. Es calladita porque sus palabras son muy lentas para sus pensamientos. Pero tiene una sonrisa que dice más que muchas cosas, y por los ojos, por allí, le relumbran la vida y la ternura.

Ella es más o menos así. Es más que menos. Pero, como te decía antes, no le gusta que se hable de Ella. Silencito y sólo aquí entre nosotros te lo digo a ti.

Hace mucho que no te doy ninguna regañada. Pero ahora voy a empezar. Sí, mayecita, no quisiera, pero no hay más remedio. La cosa por la cual te voy a regañar es porque no me has mandado tus planes: cómo y de qué cosas vamos a rodearnos, lo que nos puede hacer más falta. Esto necesitamos hacerlo y pensarlo entre los dos, para ponernos de acuerdo. Porque yo soy rete atarantado (poquito), pero bastaría que tú me dieras el hilo para saber por qué cosas vamos a empezar. La casa allí está, pero todavía no le he comprado nada, y por eso no me he ido a vivir allí. Además, antes que nada, quisiera que me dieras el color del que te gustan los muebles. Bueno, mejor no te regaño siempre. Estoy pensando que alguna vez tú me dijiste que luego que fuera allá nos pondríamos de acuerdo. Y tal vez sea lo mejor, para así poder alegar tú y yo durante todo el tiempo que sea posible.

La cosa del cine está de los diablos y creo que no se va a poder. Ya después te platicaré cómo está de enredado este asunto. Si me queda dinero de lo del rancho he estado con la

idea de comprar una carcacha y conseguir unas placas de rule-
teo (sitio); eso deja algo, y así podríamos tener más oportuni-
dades de ir a comer pasteles todos los días del año y no allá
cada y cuando, como son tus intenciones.

De cualquier modo, Dios tendrá la bondad de ayudarnos y
procurará que no nos falte nada. En cuanto a mí, estando tú,
seré demasiado feliz como para jamás acordarme del mal
tiempo.

Clara Aparicio, no te enojes, pero tengo ganas de hacerte
pedacitos y comerte toda entera. De eso tengo ganas. Y de verte y de darte muchos abrazos, pero muchos. Y de estar contigo
siempre, junto a tu amor.

De eso tiene ganas este muchacho tuyo.

Juan

Salúdame a todos, de uno por uno.

# XLVI

Corazón:

Comenzaba a imaginarme que quizás estuvieras malita, y ya te iba a escribir cuando llegó tu carta, la que me dio mucho gusto ver aquí, pues, como te decía, me estaba comenzando a entrar el susto de que el frío, que me contaste andaba por allá, te hubiera agarrado y obligado a estarte en tu cama con treinta cobijas encima. Pero ahora veo que no, y eso está muy bien. Sin embargo, algo le hicieron a ella para quitarle los dientes: esos dientecitos filosos que ella tiene. Yo te he de decir que ya no tengo dientes. Me los saqué todos porque me molestaban para comer. Eso hice. Pero ya me alivié.

De lo que todavía estoy un poco malo es de la melancolía; pero eso que me dices tú de que no me rompa la cabeza pensando, sino ir resolviendo las cosas conforme se vayan presentando, me da el remedio y así voy a hacerlo. También he seguido al pie de la letra el consejo que me dio la chachina chula de que levantara la cabeza, tanto, que el otro día me di un frentazo contra una varilla como esas que hay allí en el Lutecia. Y es que soy alto, muy alto y ella, aunque no lo crea, es una cosa chiquita que uno puede envolver bien entre las manos como si fuera una naranja.

Niñita, la casa donde vamos a vivir tiene tres piezas, la cocina y el baño, todo tamaño miniatura, como son los tales apartamentos. El día menos pensado, sin embargo, podremos encontrar algo mejor y más grande. La idea tuya de los colores colorados de la sala me gusta y me parece original, porque se vería de ese modo más alegre. También te quería decir esto: que los apartamentos que tienen ventanas a la calle son más chicos, con dos piezas nada más, pero a pesar de todo me gustan porque no hay como estar viendo el cielo por esos agujeros que llaman ventanas, y el otro cielo que eres tú iluminado por el sol que entre por allí. Ya encargaron que cuando se desocupe alguno de ésos me lo den.

En cuanto al comedor me gustaría que fuera negro como el gato negro del cuento. Y en cuanto a la recámara, ésa sí blanca como tú la quieres y como yo también la quiero, de camas dobles, porque yo soy muy guerrista y no me gustaría que te pasara lo que a mi mamá, que, cuando yo era chiquillo y dormía con ella, siempre amanecía ella en el suelo. No, no me gustaría. Yo creo que tú eres de la misma opinión. Sin embargo, esto lo dejaremos para cuando ya vaya por allá y podamos platicar largo y tendido.

De tu traje ha habido ciertas dificultades, pues me dijo la tía Julia que no ha encontrado quién pueda hacerlo con las famosas flores azules que lleva en el velo. Y ése es el chiste, porque para hacerlo con un velo nada más blanco hay mucha gente que lo puede hacer. Le dije que siguiera buscando quién se comprometiera a hacerlo así como nosotros lo queremos.

Tu chachino te ama. Yo lo sé muy bien. He interrumpido aquí este periódico porque fui con un amigo a ver unos apartamentos que están cerca del Paseo de la Reforma, en una calle muy chiquita y donde abunda el silencio. Están a todo dar, pero rentan 400 pesos, y haciéndole la lucha al dueño, que vive en un rancho aquí cerca de México, lo bajaría a 350 tepalcates.

No sé, pero a veces me dan ganas de tomar un apartamento de esos, pues mirando adelante sé que tú estarías a gusto allí. Y pienso así, porque la vida es tan cortita y si no hace uno por estar a gusto en el lugar donde uno quiere estar y si no le hace agradable esta pequeña vida a la pequeña muchachita que uno es todo lo que quiere, entonces, ¿de qué nos sirve vivir en este mundo?

Tú sabes y yo también sé que lo que más deseo sobre la tierra eres tú, y luego escribir (poder). Un lugar tranquilo para ti y esa misma tranquilidad para poder escribir.

Por eso te decía en mi anterior que tenía intenciones de conseguir esas placas de coche, no para trabajarlo yo, sino para dárselo a alguien que lo trabajara y tener con eso una ayuda más. Pero también te decía que eran puros proyectos. Y tú, termómetro de mis sueños, me calmas y me dices que no piense ahora en cosas, porque me rompo la cabeza. Cuánto quisiera poder romperme el corazón por ti, por esa buena camarada mía, por el dulce amor de ella.

Te diré como decían los bolcheviques: compañera, la mitad del bienestar y la mitad de la pobreza hacen la felicidad. Ni sólo el bienestar ni sólo la pobreza, sino todo repartido entre los dos, como si tú y yo fuéramos la misma cosa. Eso decían.

Pero ellos no creían en el amor. Ni en Dios ni en el amor. Y nosotros sí creemos. Creo en Él, y en ti que te hizo hermosa y buena y amorosa como ninguna y el puro y único orgullo de este sujeto tuyo.

La semana pasada vino mi hermano y está de acuerdo en darme para el mes entrante parte de ese dinero que necesitamos. Usted debe ponerse muy aguzada. También me platicó que Aurora se va a casar en marzo, cosa que yo creo has de saber tú. Ésos son mis únicos chismes.

Desde hace horas te estoy recomendando me saludes a los de tu casa, esperando que estén bien todos.

Ojalá ya no te martirice el canijo dentista, y si te duele mucho cuando te esté curando suénale una cachetada. Eso haz.

Ahora ve con Dios y pídele que nos quiera como nosotros lo queremos a Él, o como yo te quiero a ti, tan infinitamente.

Juan

tu muchacho

Muchos besos y                                        un abrazo tremendo.

# XLVII

Mujercita:

En esta llanura ancha y húmeda que es tu tierra ya apenas si duran los días, son cortos y pasan muy aprisa. Y esto te lo digo porque, al paso que corren esos días que me separan de ti, pronto estaré contigo, arrimado a tu sombra. Y por eso estoy contento, nada más por eso. Y porque tú también te sientes bien. Me da mucho gusto que hayas ido a las regatas, porque así te has de haber distanciado un poco y olvidado del canijo dentista que te pone los nervios boca abajo.

No, corazoncito de ángel, no soy yo quien me salgo siempre con la mía. No, corazón de angelito, eres tú. Tú me mueves la voluntad de aquí para allá y me llevas a donde tú quieres. Sin embargo, tengo que reconocer que siempre me has llevado por el buen camino. Y ese buen camino va a dar a donde tú estás y es allí a donde yo siempre he querido ir. Por eso mi voluntad no dice nada. Te sigue, cierra los ojos y te sigue con mucha confianza. Pone su mano en tu mano suavecita y tibia y se va así, de la mano contigo por el ancho mundo. Eso es lo que pasa.

En estas tardes el cielo ha estado despejado y se ve muy bien la montañota del Iztaccíhuatl, llena de nieve y de nubes azules.

Me cuentas que te hacen falta cuatro kilos. Yo creo que no; te engañaron muy bien engañada, a ti no te faltan kilos. Desde aquí estoy viendo que estás muy gordita, toda ella redonda como un tejocote maduro. Ya me verás a mí, yo sí que estoy gordo, tanto que ya se me perdieron los ojos de tan cachetón que estoy. Y cuando me veas así, se te van a quitar las ganas de engordar. Ya verás.

Chachinita:

En estas tardes uno camina un rato por algún lado y uno ve que ya se les acabaron (casi) de caer las hojas a todos los árboles.

Te quiero contar que ya encontré a la señora que va a hacer el vestido y dice que puede que sí pueda (no hacerlo, sino entregármelo con las flores). Me dijo que eso de lo azul era una costumbre norteamericana en que se dice que la novia debe llevar algo blanco, algo viejo y algo azul. Lo viejo es casi siempre una cosa de esas que viene de los antepasados, una pendejuela o algo por el estilo. Y a eso se debe también lo de las chachinas azules del velo. Suave, ¿no? Ahora me acuerdo que en mi casa existe un collar muy raro que era de la tatarabuela de mi abuela, y que cuando se casó mi hermana se lo prestaron para que lo llevara a su matrimonio. También me acuerdo que tienen allí un jarrito que alguno de los bisabuelos trajo de Roma o no sé de dónde y que es famoso en toda la familia. Después te contaré para qué sirve ese jarrito.

Así, poquito a poco, se va a ir arreglando todo. Ya lo verás y ojalá que en marzo ya te lleve una listota de todo lo que tengamos para entonces. De ese modo será más fácil saber lo que nos hace falta.

Ya dejé de comprar libros. Los últimos que compré, en lugar de darme gusto, me remordió la conciencia y ya no quiero remordimientos de conciencia, quiero portarme bien. Eso es lo que quiero. Para que tú no me vayas a desconocer y me odies. No quiero que me llegues a odiar nunca.

Mayecita:

—Eres divina…

Juan

# XLVIII

*México, d. f. 22 de Nov. 1947*

Mujercita:

Ahí tienes y todos tenemos que ahora, cuando nos acaban de entregar la circular de las vacaciones, resulta que van a comenzar el día 25 y no el 22, como nosotros habíamos pensado. Eso no me gustó nada, pues yo había imaginado ya pasar la Navidad contigo y no en el camino, que es, según parece, lo que va a suceder. Estos señores son así, no ven más que con su ojo negro de industriales y tratan de aprovechar hasta lo último los días de trabajo. De cualquier modo, y si Dios lo quiere así, saldré el 24 en la tarde para llegar tempranito el día 25. Y sabes una cosa: yo ya quisiera que mañana fuera el día 25.

Lo que me da más coraje es que precisamente escogen ellos el día más dificultoso para viajar, ya sea en tren o en camión, porque toda la gente quiere salir ese día. Y lo único bueno es que siquiera le avisan a uno un mes antes para tener tiempo de estar prevenido y no que suceda lo que pasó en septiembre, que ya me andaba quedando sin ir a verte.

Ahora tenemos que escoger otro día para el bautizo de Juan Carlos Aparicio Reyes y de la Concha, y como tú me dices que cualquier día pueden bautizarlo, según te dijeron, lo haremos el

26 o el 27 o cuando tú digas, con tal de que no sea el día de los Inocentes (es el día de mi santo) y, en lo que te refieres a la ropa, yo también creo que lo del ropón es anticuado; pero como tú ves yo ya no me acuerdo cómo me disfrazaron cuando me llevaron a bautizar, que fue, según me cuentan, tantito después de que Cristóbal Cortés descubriera América. Eso, pues, te lo dejo a ti, criaturita. Pero quiero que antes me mandes decir si fue cierto que él nació el seis de septiembre o si fue el siete, porque yo no me acuerdo muy bien, para la cosa de su medallita. Y aquí entre nosotros, yo creo que la Virgen de Guadalupe se va a dar el gran alegrón cuando se sienta junto a un corazón más, tan nuevecito y tan recién retoñado. (El tuyo es también igual, nada más que ése retoña todos los días, en cuanto abres los ojos.)

Por ahorita no tengo ningún chisme que contarte. Sólo que mañana es domingo y, como va a haber un desfile y mucho alboroto por las calles, estoy haciendo mi mochila para irme al cerro en cuanto amanezca. Hay por allí, a ese cerro donde voy, un lugar como un valle muy grande, y donde comienza está un arroyo lleno de truchas, y por eso voy: para acordarme de ti, ya que tú eres más trucha que las mismas truchas.

Por otra parte, yo sigo igual de enamorado de ella y ella me gusta cada día más, porque ella en sí es como una bendición del Dios bueno, y no te escribo más porque luego me voy a soltar diciéndote que te quiero, y yo sólo se lo quiero decir a ella, en secreto, para que lo oiga nada más ese corazón adorado que ella tiene.

Te quiero hacer un encargo: que le digas a ella eso. Cuando ya hayas apagado la luz y estés para dormirte acércatele despacito y dile: ese muchacho que es para ti sola te ama rete mucho, y dale un beso, suavemente, sin hacer ruido. Te ama, dile. Eres para él la vida. Únicamente eso.

Juan

Hace ya como un cuarto de hora que te estoy rogando me saludes a todititos los de tu casa.

Juan Rulfo, *ca*. 1947.

# XLIX

Mayecita:

Esta carta tuya me llegó muy tarde, apenas ahora, y es que el correo anda mal y con mucho trabajo; así pues, no creas que no te contesto enseguida, sino que luego luego, y si a veces no lo hago antes es que ya me acostumbré a escribirte después de recibir tu carta, porque eso es lo que más me gusta: entrar a mi cuarto con los ojos cerrados y luego abrirlos y ver el sobre azul tuyo. Antes adivinaba muy bien el día que estaba allí y ya nada más estiraba la mano; pero ahora no: ya van muchas veces que estiro la mano y no hallo nada, y luego me suelto buscando por toda la pieza, por ver si se cayó o se metió debajo de otros papeles. Y es que estamos rete locos mi corazón y yo y queremos ver cartas a cada rato.

Dicen que el Rafles vino a jugar aquí ayer, pero no fui a verlo. Dicen que le dijo en el tren a una tía mía que yo lo fuera a buscar a unos departamentos a donde iba a llegar, que porque me quería saludar; pero no fui. No me dieron ganas. Aunque en el fondo quería ir para preguntarle por ti, si te había visto últimamente y cómo estabas.

Pero yo sé que estás muy chula y rete gordita. Eso de lo chula yo lo sé y lo de gordita me lo dijo la modista. Mira lo que me dijo: la niña tiene su caderita. Eso me dijo cuando vio tus medidas.

Y hablando de eso, te quiero contar que tu disfraz, bien analizado, es más original de lo que nosotros creíamos. Dice que es la primera vez que ve una cosa de ese estilo. Dice que sí podrá hacerlo y que no les falta ningún detalle a las medidas que tú mandaste. Y es que la modista no sabe que Ella es rete lista (trucha y media). Pues bien, niñita fea y horripilante, la cosa es así: el vestido no puede ir menos escotado de como está porque tiene unos fruncidos muy raros; pero para que no se vea tan así va a llevar gasa desde allí donde tú lo viste hasta el cuello. Es decir, que igual como están las mangas va a ir el cuello hasta el bordado del vestido que comienza en los hombros, y que después da una vuelta muy simpática y luego vuelve a subir al otro hombro. Por atrás es más o menos igual. Además, unas cosas como manchitas blancas que tú y yo hemos de haber visto son perlas (falsas de mucha falsedad) y las florecitas son cuentas azules bordadas, tanto en la cabeza como en el velo y en algunas partes del vestido como en los puños, etc., etc. Yo no sabía qué tela era, pero ella me dijo que todo era de gasa. (Ella va a parecerse a las nubes del verano.) No llevarás guantes, porque los puños tienen una vuelta muy rara que te cubre la mitad de las manos y, donde terminan, hay un agujerito para que metas el dedo. Tampoco lleva cola, y el velo es corto. Todo eso me dijo la tipa que lo va a hacer. Ya tú me dirás si estás de acuerdo en que se quede así el escote con la esa cosa que va a llevar, o si quieres que lo suban más, aunque sean muy largos los fruncidos que terminan en la cintura.

Ya nada más eso está esperando ella para comenzar a cortar la nube de la tela.

Y si no, esperamos a que yo vaya para alegar de esto y poderte explicar más cosas. Pero lo que más interés tengo en explicarte es que el cariño para el corazón de mi corazón comienza a cada rato y no termina.

No había truchas. Las mató el frío. El agua estaba cuajada por una capita de hielo, y aunque al mediodía se deshéló, las truchas no salieron a tomar aire ni a calentarse con el calor del sol. Y es que no había ninguna. Entonces, ¿sabes lo que hice?: me tomé mi jugo de jitomate debajo de un árbol y me puse a ver los arroyos de agua (porque hay muchos arroyos y el agua es Clara y sabe muy sabrosa). Me puse a hacer eso y a platicar contigo, así, hasta que dejó de calentar el sol. Con el jugo de jitomate no da catarro, ¿sabías eso? ¿Sabías que a mi hermano el que tú conociste le mataron todos sus chivos ahora con la aftosa? Sí, tenía muchas chivas y ahora no le dejaron ninguna.

¿Sabías que cerraron la ciudad de México, París y New York? ¿Qué le sucedería a la Doncella, el de las medias, eh? Esos son chismes de allá para acá; pero de aquí para allá no hay ninguna novedad, sólo que la refrigeradora esta grande que es tu tierra nos ha congelado a todos.

Me imagino que te ha de haber dado catarro a ti, ahora con el cambio de temperatura, pero que no me quieres decir nada y que has de estar muy acostadita; eso me imagino. A mí, hablando a lo mero mero, sí me dio, pero ya se me quitó desde hace ayer. Y como estoy bebe y bebe puro jugo de jitomate en ayunas ya no me volverá a dar.

Eso estoy haciendo.

Ya tomé nota de que fue el siete de septiembre cuando nació el ahijadito y de que el día del bautizo será el 27. Estaría bueno que ahora que vaya compremos entre los dos un billete de lotería terminado en siete, a ver si así se nos acaba lo brujas.

Así pues, caprichito del Cielo, espero en Dios estar junto a ti y contigo el 25 de diciembre. Sólo hasta entonces se me quitará el frío, allí entre el calorcito de tus brazos y junto al amor de tu corazón. Sólo hasta entonces.

Salúdame a todos y que todos sean muy felices siempre.

Son los ánimos de tu chachino que te ama con toda la ternura del cielo y de la tierra.

Juan

Yo más y…                                       Sin descanso.

# L

Mujercita:

Te agradezco mucho tus buenos deseos para que ya no me ande enfermando de tantas cosas; te los agradezco porque realmente me tocaron unos días muy sufridores, pues a poquito de que me cortaron las desdichadas anginas se me puso tener bronquitis y ya te has de imaginar lo dulce que sentía yo toser teniendo la garganta o gorgüello todo hecho pedazos. Hasta que al fin me acostumbré; a todo se acostumbra uno cuando no hay otro canijo remedio.

Voy a seguir tu consejo de inyectarme calcio para ponerme gordo (pero eso después del primero de enero); ahora ya no voy a alcanzar a engordar nada en estos días que faltan. Además, quizá no te he contado, pero voy a ir a Guadalajara el día 25 y, por otra parte, voy a andar tan ocupado en tantas cosas que no voy a tener tiempo para engordar. Así, prepárate a recibir muy apretadito entre tus brazos a un muchacho flaco y pálido, pero al que, a pesar de todo, no se le han enflaquecido ni el alma ni el corazón, que son dos cosas tuyas y que están a tu cuidado desde hace mucho.

El encargo que me haces de andar derecho y el otro, el de las posadas, no se me olvidan. Sólo he ido a una posada, pero fue de niños y salí temprano de allí; nada más esperé a que se rompieran las piñatas. A la posada de la compañía, que dizque va a estar a todo tren y la van a hacer en uno de los cabarets elegantes de aquí, no me va a tocar ir, pues la hacen el 24 en la noche.

Por otra parte, tú debes de aprovechar bien estos días, ya que la suerte de no estar ni con catarro siquiera te permite divertirte (medidito) en las posadas, pues otros años siempre has estado mala y no has podido ir, y a mí no me gustaría nada que te quedaras en tu casa mientras a tus sísteres las invitan. Además, Gloria necesita que la acompañes, pues yo sé y todos sabemos que contigo se acompaña bien a donde quiera que va, y si no anda contigo no anda a gusto. Yo y tú sabemos eso.

Con todo, cuánto más me gustaría estar ya allá y poder yo ser tu compañero.

Ya tengo aquí la medallita de Juanito, y sabes que la grabaron con el nombre de Juan y no con el de Juanito; ya verás que así estará mejor, pues cuando él crezca no le va a gustar que le digan Juanito. Te lo digo por experiencia. No suena bien en un hombre grandote y forzudo, como va a ser él, eso de Juanito.

Trataré de llevar la cámara para retratarlo junto contigo, aunque hace como un mes se la presté a unos primos míos, hijos de la tía Julia que tú no conoces, y ellos están de vacaciones en Cuernavaca, pero ahora mismo les voy a escribir que me la manden, por si no vienen antes.

Espero ya hayas recibido mi tarjeta de Navidad y te haya parecido tu vivo retrato. En la de tu mamá están los saludos y mis buenos deseos para todos los de esa casa tan llena de cosas bonitas.

Espero que todos estén bien y que Dios los bendiga a todos y a ti en lo particular, y que tengan una Noche Buena de felicidad.

Para ti, caprichito de Dios, toda la bondad del cielo y todo el cariño de la tierra, y este humilde y feliz muchacho tuyo que no quiere vivir fuera de tu corazón.

Juan

Hasta luego, Claruchka.

Clara con su hermano Juan Aparicio, 1947.

Fotografía de Juan Rulfo.

## LI

3 de enero de 1948

Querida mujercita:

Nunca te me olvidarás tú con tu corazón tan grandotote y tan bueno (ni los días nublados lo hicieron menos cariñoso), y yo quería decírtelo, ahora que estuve allá contigo: se me hizo bolas la felicidad de tanta y tan seguida. Estabas más bonita que antes; mucho más que en años pasados, y yo hubiera querido decirte que te amaba también mucho más, mucho más que en años pasados, pero no hubiera resultado del todo cierto, porque yo siempre te he querido desde hace tanto tiempo que ya no me acuerdo dónde comienza el hilo del amor que te tengo. Y vuelvo a repetir aquello que te dije: que sólo junto a ti sentía confianza en la vida. Ahora que estoy ya acá, lo siento y lo seguiré sintiendo conforme pasen más días y me separe más del sabor de tu recuerdo.

Eso me sucede porque ya me hice a que tú vivas por los dos, por ti y por mí, y sólo así quiero yo también que sea; vivir para ti es una cosa muy hermosa y a mí siempre me ha gustado conservar las cosas hermosas, porque son las únicas que me dan ánimos y me hacen caminar por el mundo.

Me gusta la forma como proyectas nuestra vida de pasado mañana. Yo sé, en el fondo, que tengo fe en ti y que estoy de acuerdo contigo para que nos vaya bien y Dios sabe que sí nos irá bien, porque Él también quiere a este par de criaturas suyas, y nos bendecirá y nos ayudará. Y nosotros, además, nos ayudaremos a nosotros mismos, por igual, porque somos la misma cosa. Yo, al menos, sé que soy tú, que estoy viviendo dentro de ti. Ahora que fui allá lo supe mejor que antes.

Madrinita:

No he tenido tiempo de ver cómo andan las cosas pendientes por aquí, pero pronto lo haré. Te aseguro que en mi próxima te diré ya algo.

En New York murieron muchas personas de frío, y la oscuridad y la nieve lo cubren todo. Eso leí yo en el periódico la tarde que me dejaste leyendo en la sala, pero hasta ahora me acordé de decírtelo. Aquí sigue haciendo mucho frío todavía, pero hay sol y yo tengo un sweater muy bueno, al que no le pasa el frío. Ella lo hizo con sus manos, lo comenzó y le dio fin con .esas manos suyas y le puso la dirección para quien era, desde el principio, y se preocupó mucho porque creía que no le iba a venir, pero sí le vino y le quedó muy bien y muy bonito. Y eso se me olvidó agradecértelo. Me estoy acordando que no te di las gracias. Y ahora lo hago, y mañana también y todos los días, hasta que se acabe.

También se me pasó decirte que me despidieras de tus papás y de todos. Tengo mucha pena de no haberlo hecho yo mismo.

Pero, ¿sabes una cosa, madrinita? Cuando te veo y te siento a mi lado se me olvida todo, hasta las palabras y esa cosa que llaman educación. Eso pasa.

Luego te contaré más cosas. Ahora se me hizo tarde y lo que quiero es saludarte y que sepas que ya estoy por acá, por ti y para ti, y que no me conformo de haberme separado (aunque sea por corto tiempo) de esa ternura que eres tú. De esa cosa sagrada y adorada por entero.

Cuídese mucho de su estómago y del frío y camine derechita y no me olvide.

Su Juan

Un beso aquí y otro allá en todas partes y en todo momento, con todo tu puro amor y mucho cariño (Su hija consentida)

# LII

Criaturita:

Soy muy malvado, ya verás que no soy bueno, no, nada de bueno; por el contrario, tengo una bola de demonios dentro de mí, y cada uno es el peor de todos los demonios que existen. Sin embargo, tú has matado muchos, pero los dos o tres que quedan son el vivo diablo. Tú has matado a los peores, me has quitado el demonio de la tristeza y el del desaliento; me has quitado esa oscuridad que yo tenía siempre enfrente de mí y me has hecho menos dolorosa la vida.

No te amo por nada, sino por eso, porque has sabido ser maravillosa para mí y porque me has formado nuevos y recién estrenados sentimientos. Y si acaso crees que soy bueno es porque te has estado mirando a ti misma, pues yo sé y siento que estoy hecho a tu imagen, que tú me has ido haciendo así, para ti y para bien mío. Bien mío: ésa es la cosa.

Yo quisiera, algún día, en algún momento tranquilo, poder analizar toda la transformación que tú has hecho de este muchacho todo tuyo; mirar cómo era y cómo soy ahora. Encontraría una diferencia muy grande. Pues por algo sé que junto a ti, que junto a tu confianza, mi corazón se siente más seguro y más limpio. Es eso; es una cosa que está por encima de mi cariño hacia ti, hacia esa pura y amorosa e incomparable mujercita dulce. Es el querer ser bueno para ella, porque es mejor que uno y porque uno no puede portarse mal, no debe hacerlo ante lo que es todo significado de bondad y de hechura de uno.

Es lo que quiero decirte. Tú me has hecho así. Y no pienso de otro modo. Estoy sobre la tierra y sobre la realidad. Y tú eres como la tierra tierna y eres una realidad que se siente, que se toca, que se besa, que se mira como se puede mirar y besar un gran fruto de la tierra.

No, no eres un sueño. Ahora no. Lo fuiste hace mucho, quizá antes de que te conociera. Pero sigues siendo una cosa soñada.

Y yo qué puedo decir de eso. Tú tienes mi corazón guardado en tu ropero con otras cháchoras que a ti te gusta guardar. Y yo estoy allí a gusto, más contento de lo que tú te imaginas. Y si él está siempre contigo, entonces no tengo yo la culpa de querer ser bueno, sino tú, que me tratas y me transformas con tu cariño.

Porque quererte no significa para mí ningún esfuerzo; no, antes por el contrario: tendría que hacer uso de muchas fuerzas, de incontenibles fuerzas que no tengo, para poder olvidar siquiera el más pequeño de los recuerdos de que me has llenado tú. Y eso sería volver al pasado, a un pasado de pensamientos sin ningún fin y sin ningún término.

Así, por ese lado, no tengo miedo de nada estando tú allí, como una playa buena, donde se acaban las olas malas.

Lo que preocupa a tu muchacho es la vana lucha contra la pobreza. Ya te lo he dicho otras veces: quisiera para ti todo el mundo, que jamás tuvieras necesidad de nada. Lo quisiera con lo más hondo de las raíces de mi alma. Quisiera gritar a veces para que me oyera Quien todo lo completa y en cuyas manos estamos estos juguetitos que somos nosotros.

Pero no, chiquilla, yo sé que para todo necesitamos de la paciencia, de saber soportar las cosas. Lo esencial es la vida. Poder vivirla es lo principal. Y nosotros viviremos. Dios nos tiene dados ya para vivir, y Su fortaleza te tiene a ti como el mejor estímulo, que no me dejará caer ni flaquear un solo día para buscar tu seguridad y tu bienestar.

Ella se lo merece. Ella es como esas plantas grandes que llaman árboles y que crecen para el bien de alguien y que, sin saberlo, limpian con sus manos el aire y vuelven el mundo cariñoso y habitable.

Ella es así. Por eso le tengo fe. Porque sé que juntando nuestros pensamientos seremos siempre el uno para el otro como dos buenos amigos, en una ayuda igual para todas las dificultades.

Ya llené la carta con una sola cosa. Pero mira, Chachinita, yo también tengo un ropero lleno de recuerdos tuyos y, a veces, quisiera estarte contando sin fin cómo es cada uno de esos recuerdos; de qué color es y qué sabor tiene. Eso quisiera.

Quisiera volver a empezar esta carta para hablarte de nuestros negocios y platicarte cómo van, pero tú sabes, como yo, que a ninguno de los dos nos gustan los negocios, y ya lo haré cuando esté poco más o menos arreglado todo.

De cualquier modo, piensa que yo pienso en ti y que nada se hará sin estar los dos de acuerdo.

Desde al comenzar la carta te he estado pidiendo que me saludes a todos los de tu casa y que te compongas muy pronto de tu estómago.

Yo lo que hago por ahora es no olvidarte; mañana haré lo mismo. Y te amaré mucho siempre, mayecita fea.

Juan

el tuyo

# LIII

*12 de enero de 1948*

Querida madrinita:

A mí también se me hace mucho el tiempo que ha pasado desde que dejé de verte; a veces me parece que fue cuando yo te dejé la primera vez y no esta última. Sin embargo, me conformo, estoy conforme sabiendo que tu cariño es muy hermoso y que no está lejano el día en que vuelva a estar contigo y después, tantito después, cuando esté con ella para siempre.

¿Sabes una cosa, mayecita? He estado pensando estos últimos días en que lo mejor sería no tener aquella casa de Narvarte. Uno de los motivos es que está muy lejos de mi trabajo. Otro, el que te platiqué a ti: aquello de que te aburrirías mucho estando tú sola nueve o diez horas de cada día. Por eso lo pensé de otro modo.

Cierto que los susodichos departamentos nos rentarían más barato que en cualquier otra parte; pero tomando en consideración lo de los camiones y el tiempo no resultan más baratos, como yo me lo suponía. Además, tú te sentarías todos los días a comer solita, pues el tiempo que tiene uno para comer es muy corto (media hora) y, por lo tanto, yo tendría que seguir comiendo en el restaurante y tú allí, solita, junto a una cazuela de frijoles y sin más compañía. Eso no me gusta nada, pero nada.

Por eso estoy haciendo otra vez lo que hice al principio: buscar un departamento aquí cerca, aunque haya que pagar lo doble por él, pero tener esas ventajas. Tener la ventaja de saber que tú estás muy cerca de mí y de poder, al mediodía, echar la carrera hasta tu casa y comer en tu compañía. Así, le gano una hora más al tiempo y lo que es más, de ofrecérsete algo, allí estoy yo para ti a unos cuantos pasos. Eso es lo que voy a hacer, ¿qué te parece?

En cuanto a lo que me dices del padre Hernández del Castillo, yo creo que estaría muy bien que él nos casara. Yo no le he escrito al padre De la Cueva, pues como él quedó de informarse de las dos iglesias, El Carmen y Aranzazú, he estado esperando esa información. Por otra parte, como el padre Hernández del Castillo es jesuita, sería bueno saber si nos quiere casar en San Felipe, que es la iglesia de ellos, o si puede hacerlo en cualquier otra iglesia. En caso de que sea en la que nosotros escojamos, entonces sí molestaremos a De la Cueva para que nos la consiga, y así quedará todo arreglado, ¿no, madrinita fea?

Lo del collar ya está listo. La tía Lola lo tiene bien guardado allá en Guadalajara.

Ahora resulta que el vestido debe ser puramente blanco sin ningún azul, ni nada, eso dicen; pero yo les dije que el blanco y el azul eran los colores de la Virgen, y que quien se los iba a poner era la virgencita más chula de la tierra. Así que llevará su azul y que digan lo que quieran, ¿no, madrinita fea?

La tía Rosa se va a ir al Canadá a llevar a su marido a que lo operen de la cabeza. La tía Julia, cada vez que voy a verla, me cuenta que está muy quebrada. La tía Teresa se disgustó el otro día con el tío David. Te cuento estos chismes para que tú veas el margallate que hay en la familia de mis parientes.

Por otra parte, desde hace mucho yo te considero a ti como mi única familia y a nadie más. Así estoy mejor. Pues tú eres lo mejor y lo único por lo que me gusta vivir, sin necesitar más.

Y desde hace mucho, también, estoy envuelto en ese amorcito tuyo del cual no quiero que me desenvuelvan nunca.

Muchos saludos para todos.

Muchos besos para ella y un puro y fuerte e inseparable abrazo de su muchacho, hijo único y consentido.

Juan

# LIV

Querida mujercita:

Ya le escribí nuevamente a mi hermano, así como al padre De la Cueva. No espero recibir pronto contestación de ellos porque los dos son rete flojos para escribir. Con todo, no creo que pase este mes sin tener noticias de ellos y los arreglos que se puedan hacer.

Me está dando vueltas en la cabeza ese asunto de la casa. Ya lo estudié por todos lados, y por más que quiero encontrar otra solución no la encuentro. Por un lado está el precio de la renta, que es muy alto para nosotros. Por otro, están muchas cosas convenientes.

Te lo voy a platicar más despacio. El departamento que me encontré está en la colonia Nueva Anzures, considerada como de lujo. No lo es, pero así está considerada, porque no hay allí aglomeraciones, ni mercados, sino que la mayoría de las casas son residencias y poco abundan los apartamentos. Por lo tanto, las rentas son algo elevadas. A decir verdad, están en la misma proporción en todas partes, aunque la gente crea suponer lo contrario.

La casita es rete chiquita (como tú), le da algo el sol y algo el aire, más o menos como en tu casa, pues ésta tiene un patiecito. Tú entras y encuentras una pieza muy grande; a un lado de esa pieza está un rincón y detrás del rincón un baño. Del otro lado otro rincón va a dar a la cocina y detrás, atravesando ese rincón, está una recámara. Eso es todo. Allí se acaba la casa.

Ahora bien, no creas que es fea, sino que es de esas casas hechas al estilo americano, y todo está ordenado muy bien. La cocina tiene su estufa de gas y un calentador también de gas para el agua. Las piezas tienen una pared azul, otra amarilla y las otras dos blancas. Y en todas partes, en los rincones y en las piezas, hay closets.

Es decir, que la casa no está fea, la que está fea es la renta. Yo ya hablé con el dueño, que es Luis Procuna, y no quiere bajarle un solo centavo. Pide $250.00 por ella. ¿Verdad que es mucho?

Pero si yo tuviera la seguridad de encontrar otra en las mismas condiciones: estar cerca de la fábrica y en un lugar tranquilo, no haría caso de ésa y me pondría a buscar otra. Pero no la hay. Las que he visto de un precio menor están muy lejos o en edificios viejos y húmedos.

El problema, pues, es éste: si tomamos la casa de Narvarte, que no me gusta por lo triste y por lo lejos que está, se tendría que hacer el doble gasto de la comida, pues yo seguiría como ahora, comiendo en el restaurante, además de que habría que añadirle el tiempo y los camiones. El otro día me fui por curiosidad en un camión desde aquí hasta la casa de Narvarte; hice tres cuartos de hora. Luego estás tú, con tu soledad aquella, encerrada como si fueras un pájaro (lo eres) durante todo el día, viviendo y comiendo sola. Eso no me gusta ni así tantito.

Volvemos a aquello de que la vida es muy corta y estamos mucho tiempo enterrados. A mí nunca me ha gustado ahorrar en vivir (bueno, nunca he ahorrado en nada), y yo quiero que ahora estés de acuerdo conmigo. Dicen que la miseria es terrible, pero que la pobreza es hermosa.

Si nosotros podemos vivir donde nos guste, aunque no ganemos para otra cosa, sino para eso: para vivir, se debe hacer. ¿No lo crees tú así? Después, Dios dirá.

Yo, en el fondo, estoy luchando por resolverme. Mi ideal, como te lo he dicho varias veces, es tener un lugar tranquilo donde tú puedas estar a gusto. Y no por ahorrar algo o por tener para ir a los toros o al foot ball, como hace aquí la gente, vivir entre la basura y los peores muladares del mundo, en edificios o casas donde se apeñuzcan miles de gentes.

Me decía el otro día un compañero que yo me pasaría de tonto si me ponía a rentar casa en Anzures; eso es para la gente rica, me decía, y añadía que yo podía conseguir una casa más barata en alguna otra colonia, como Santa Julia o la Tlaxpana o muchas otras. Pero él no negaba que había que vivir siempre con el temor de que lo robaran a uno o que le dieran algún mal golpe cualquier noche. Luego él mismo decía que cuando se le hacía noche por algún motivo se veía obligado a tomar un coche para que lo llevara hasta la puerta de su casa, para atravesar dos o tres cuadras únicamente, desde la esquina donde lo dejaba el camión. Así pues, él gastaba más en coches y en temor que los 40 pesos de renta que pagaba.

Por eso yo pienso de otro modo. Y si para vivir en un lugar decente se necesita ser rico, yo lo soy desde que tú existes, pues para mí eres muy valiosa. Además, es el sistema de vida que yo he llevado siempre y lo encuentro muy natural.

Lo que no encuentro muy natural son los centavos. Necesito más y para eso tendré que encontrar otra cosa.

En la compañía tengo esperanzas de mejorar, pero poco a poco, cuestión de tiempo y de paciencia. Entonces, mientras no resulte por ahí alguna otra cosa necesitamos tener una determinada cantidad que nos permita hacer uso de ella mientras aumentan las entradas.

Tú que eres licenciada en economía debes saber cómo organizar esto. Yo te hablaba del dinero que vamos a obtener de la venta del rancho. Si ese dinero nos alcanza para año y medio de apreturas estamos al otro lado, con la ayuda de Dios.

Sin embargo, confío en que no pasaremos trabajos. Y espero que me indiques tu opinión sobre eso de la casa y espero que siempre, como dos buenos amigos que somos, estemos de acuerdo.

Eso que me cuentas de la fecha está bien. Únicamente que el 23 no es sábado, sino viernes. Pero si tú quieres el sábado 24, que así entiendo yo, está que ni mandado a hacer. Entonces, las invitaciones que se hagan para esa fecha; sólo hay que esperar a saber en qué lugar va a desarrollarse el drama. Si en Aranzazú o en alguna otra iglesia.

Tú eres rete chula.

Sabes, cariñito, a veces todavía me cuesta trabajo creer que me quieres. ¿Cómo, si eras y sigues siendo lo más noble y hermoso para mí, si me hacías perder todas las esperanzas, lograste al fin tenerle cariño a este pobre y enamorado de ti muchacho tuyo?

No está bien que te enfermes ahora de catarro. El tiempo tan lleno de frío déjalo para estos lugares donde ni de noche se quita. Y donde la gente sueña con un sol caliente y bueno que les desentuma los huesos.

Yo también tuve catarro. Todos aquí tenemos, hemos tenido y volveremos a tener catarro, porque anda por el aire.

De cualquier modo, tú siempre has sabido cuidarte y sé que pronto estarás otra vez bien.

No se te olvide darme tu opinión sobre eso de la casa; no quiero que lo dejes a mi propia conciencia.

Me extrañaría mucho no me saludaras a los de allí, a todas las buenas personas de allí, que viven en tu casa.

Y no te extrañe si te sigo queriendo, ni si te
amo más que nunca. Ni si mis deseos más
grandes son estar contigo y besarte mucho y
bendecir a Dios porque te hizo tan buena y
tan encantadoramente hermosa y tan
adorable y tan todo.

Tu hijo consentido

Juan

# LV

Cariñito:

Estoy muy loco. Fíjate que me escapé del manicomio. Esa carta que te escribí tan llena de teorías y de casas de aquí y de más allá no es otra cosa sino que me está reguileteando el coco. ¿Cómo querer que tú sepas si las casas están bien o mal, sin conocerlas ni siquiera por fuera o apenas imaginándolas?

Sin embargo, tú me das la solución. A pesar de todo, me pones otra vez en el camino y sé ahora lo que debo hacer. Sí, tú sabes ayudarlo a uno y lo sabes ayudar con el mejor modo y de la manera más tranquila.

Querida chachinita:

Dile al señor del frío que se vaya y no te moleste más.

Aquí yo ya no sé si hace frío o calor. Más bien ya no me acuerdo de cómo es el calor; únicamente sé y me acuerdo muy bien de lo tibiecita que tú eres y del calor tan suave que se siente cuando uno está junto a ti. De eso nada más me acuerdo.

Me acuerdo de todos tus corazones y no sé a cuál quiero más; quizá a todos juntos. Quizá al que a veces, en algún momento desprevenido, se asoma por tus ojos. Pero en el fondo mi cariño es igualito para toda ella y para tu amor.

Me cuentas que hay que pensar en el mañana y sí, yo sé que ese mañana es lo más importante para nosotros, y que hay que luchar por él, porque tú y el mañana son la misma maravillosa cosa, endiabladamente querida criaturita.

Pienso tantas cosas a la vez que me cuesta trabajo desprender una de otra. Y todo alrededor de ti, todo está rodeado y envuelto por ti, y no sé hacer más que pedir a Dios por tu bienestar, porque ya que te encontré necesito mirar tu alegría, para poder sentir que existe la felicidad.

Quisiera contarte algo de nuestros negocios; pero ya ves lo que me pasa. Me suelto hable y hable y creo que después de tanto embrollo tú no sacas nada en claro. Mejor estará como tú dices: arreglar las cosas lo mejor que se pueda en bien de los dos. Y así procuraré hacerlo.

Me dices que necesito escribirle al padre De la Cueva para que él nos case. Pero no me platicas si ya te enojaste con Hernández del Castillo, o si él te dijo que no podía hacerlo. De cualquier modo, y si crees que el padre Del Castillo no se va a sentir contigo, o si no crees necesario molestarlo, cuenta con que mañana mismo le escribiré al padre De la Cueva, ahora sí, pidiéndole que él nos case y nos consiga Aranzazú, que es la iglesia que escogimos, o El Carmen, según lo que él me mande decir. Hasta ahorita no he recibido ninguna respuesta de él a mi carta. Pero en la próxima le voy a picar el amor propio para que lo haga pronto.

Sabes que la tía Lola ya nos regaló una olla Presto. Yo le pedí una cazuela; pero ella dijo que una olla era mejor. Así que ya tenemos dónde cocer los boboles.

También te quería decir que ya compramos la estufa como tú la querías. Así que ya hay modo de hacer lumbre.

Aquí está ya el teniente coronel y dentro de un rato voy a ir a hablar con él para recordarle lo del asunto de la cámara de cine. También le diré que haga algo porque desocupen pronto la casa; por otra parte, en la compañía parece que me van a mejorar más pronto de lo que yo creía. Lo que no quisiera es que me fueran a nombrar representante del interior, porque estoy sospechando que les hace falta alguien para los estados de Guanajuato y Michoacán, y como que el otro día me echaron el ojo a mí. Ojalá me dieran el mismo puesto, pero aquí en el Distrito Federal, y no me mandaran a vivir como peregrino siempre de un lugar a otro por esos rumbos, aunque bien necesitado estoy de ese mejoramiento y, en último caso, tal vez sí aceptaría, pues la cosa es que me paguen más, del modo que sea.

Aquí te mando el de las florecitas azules. Ya me dirás si te gusta. También te mando otros; a ver si combinándolos todos sale alguna cosa rara. A mí siempre me han gustado las cosas raras; por eso me gustas tú, por rara. Lo raro es lo que no abunda, y como ella, la chiquilla, será difícil hallar más, y casi casi estoy seguro de que no existen más de esas cositas.

Si es posible que me aumenten el sueldo, quizá podamos vivir donde más nos guste. En otro caso será en el departamento del teniente coronel, que casi no me gusta mucho, porque cuando está nublado se ven paisajes muy tristes desde allí, y el lugar es medio solo. Pero yo pienso que eso no importa: lo que vale es la compañía que yo tenga dentro de la casa y el paisaje que se vea con ella allí, alegrándolo todo. Eso es lo que vale.

Como ves, aquí se me acaba de acabar la tinta y no es hora de ir a comprar más, ni hay donde llenar la pluma.

Pero lo que tengo que decirte es tanto, es tanto y tan tupido, que no me ajustaría el tiempo para platicar contigo.

Ayer me puse malo del estómago por andar comiendo castañas, pero ya amanecí bien.

También me estoy comenzando a acordar de que se nos olvidó hacer la combinación de la lotería para que tú compraras el billete, aunque lo cierto es que yo tengo mejor suerte que tú, sacándome la lotería contigo, ese premio mayor que es la dulce chachina. La querida y adorada chachina.

Veme mandando decir qué ideas tienes para comenzar a arreglar las cosas y tener todo el plan listo, para no dejar la cosa para última hora. A mí se me olvidan muchos detalles y a ti no, y eso es lo que quiero, que nos vayamos poniendo de acuerdo.

En lo único con lo que por ahora y por siempre estoy de acuerdo, y lo único que no se me olvida, es que te amo más, cada vez más y más cariñosamente, nenita fea y horripilante. Y que siempre seré para ti el mismo, porque tú me hiciste así como soy y todo yo estoy en ti y vivo para ti. Ésa es mi última novedad, de tu...

Juan

# LVI

*Enero 28 de 1948*

Querida mayecita:

Yo estoy también muy contento. Saber que hay una criatura tan entrañablemente querida que piensa en uno, acordarme de ella, llevar siempre conmigo esa mirada pura de ella, me hace sentirme contento. A veces no me importa lo demás y quisiera que en el mundo no hubiera complicaciones ni que mi estómago tuviera hambre, sino que ella, que ha hecho la alegría de mi corazón y me ha dado un alma, ella sola, sin más, lo fuera todo.

Fuera todas las cosas que uno ama y que uno necesita, y que yo jamás conociera el cansancio para quererla y para guardarla de todo lo malo y lo triste. Siempre ha sido ése mi mejor sueño.

Yo creía antes que no entendía la vida. Que no sabía para qué era, ni con qué fin vivía uno. Pero Dios solo sabe lo que hace con sus criaturas. Me llevó hasta ti como si me indicara cuál era el camino; me llevó hasta donde tú estabas y me dijo: escóndete entre esos brazos y conocerás cuánta ternura hay allí y cuánto consuelo, y será como si comenzaras a vivir.

Muchachita amada, quisiera igualar tu cariño con un amor muy grande, muy grande. Te quiero tanto.

Ahorita está cayendo una tormenta. Hace ocho días las montañas estaban todas llenas de nieve. En cuanto cayó la nieve se quitó el frío, y los días, hasta ahora, estuvieron limpios y muy llenos de sol. El sol acabó pronto con la nieve. Ahora, ya ves, está lloviendo y puede que mañana vuelva el señor del frío con un saco lleno de catarros para los habitantes de este lugar tan loco y tan raro.

Mayecita:

No es por falta de tiempo que nunca arreglé mis cachivaches de Guadalajara. No, fue por pura flojera. Además, yo era el que quería estar contigo, sin separarme en ningún momento. Pero me sobraban las noches y casi todo el día, y ya ves: no arreglé nada. Ojalá que no me vayas a correr ahora que vaya para allá, por ir a juntar los papeles. Al fin y al cabo son puros papeles y tú, en cambio, eres la cosa más puramente hermosa y viva que me gusta mirar y querer. Sí, me gusta quererte. A ratos eres tan adorable. Y esos ratos son sin fin, eternos, como la eternidad misma.

No sabía que tenías tíos regados por aquí y por allá y por todas partes. En eso te pareces a Miguel el Tostadero, que tengo también un catorzal de tíos desparramados por el mundo. Lo único que pasa es que yo para ellos no existo y a ti, en cambio, te quieren bien todos, hasta yo. Ésa es la única diferencia.

Yo sé que sí eres platicadora. A veces me dices tantas cosas en tan poquitas palabras, cuando yo necesito dos o tres hojas para decirte una sola cosa. Eso es lo que pasa.

Se me olvidaba decirte que mañana (miércoles) a las siete y media van a leer algunos pedazos por la XEX de mi último mamarracho, aquel que yo te platiqué que se iba a llamar

"La Cuesta de las Comadres". En esa radiodifusora les gusta mucho mortificar a la gente buena que quiere estar tranquila.

Pedacito de vida, espero verte pronto, meterme entre tu corazón y tus brazos y sentirme muy cerca de tu cariño, de tu amoroso cariño, y ser una cosa tuya para siempre.

Que Dios nos siga ayudando como hasta ahora y que bendiga a todos los tuyos (entre ellos estoy yo), para que nunca se les ocurra enfermarse ni tener frío, ni hambre, ni tristezas.

Y a ti, ¿qué quieres que te diga a ti, mundo de almas?

Juan te manda muchos besos. Ése es el encargo que me hace.

Juan

# LVII

Mujercita:

Sí, cariño, mi modo de pensar sigue siendo el mismo: siempre llegué a pensar que te quería y ese pensamiento era bueno y ahora lo mismo y con el mismo resultado: quererte por entero. Y eso es bueno. Quizá no haya nada mejor para mí. Nada más puro que tu corazón, nada más endiabladamente hermoso que toda tú para mí.

Y es que yo necesitaba de esa fuerza que sabes dar. Contigo no siento la duda. Veo muy clara esta tierra donde vivimos y he vuelto a tener fe en la esperanza, en Clara Aparicio, que es la viva esperanza (así está en el diccionario). Pero no soy bueno para decir las cosas, me faltan las palabras. Siento que hay algo sublime en el amor que hiciste nacer en mí; pero en mi diccionario no están las palabras para explicar eso. No las encuentro. A veces, cuando he estado cerca de ti y he intentado decirte qué es lo que siento, me han dado ganas de esconderme entre tus brazos y quedarme callado, quieto, sin decir nada, porque ésa es mi intención, explicarte de ese modo mi gran amor por ti, apretándome muy fuerte contra tu cuerpecito, como si yo fuera una cosa humilde y pequeña que me quisiera encerrar entre tus manos y no salir de allí nunca.

Por otra parte, eres tú quien me has hecho a tu semejanza, fuertemente me has anudado, con nudos que no se desatan, a esa ternura tuya. Tú me formaste. Y mi cariño, este que te tengo, nació de ti, así que tú lo conoces tan bien como yo, pues es una cosa que salió de ti misma, criatura fea y muy amada criatura.

Antes yo sentía la pasión y la turbulencia. Era algo así como la tempestad o un arroyo. Estaba lleno de corajes y de odios; pero las tempestades pasan pronto y los arroyos se secan pronto. Y no, no soy ya así. Tú me has enseñado a no ser ya así. Yo por eso admiro esa serenidad tuya con que me escribes siempre; sin gritos, de la manera más tranquila. Y he aprendido a distinguir entre una cosa y otra: la tempestad y la calma. En la calma hay tiempo para ver cosa por cosa y sentir cuánta suavidad hay en tu mirada y cuán tibios son los dulces labios tuyos y de qué modo se mueve tu corazoncito. Todo eso alcanza uno a ver. Porque sucede que hemos eliminado la pasión: tú, porque ya eres amorosamente así, por nacimiento, y yo, porque aprendí contigo a conocer cómo es el amorclaraaparicio; cómo, toda ella, enterita, lo representa.

No, niñita, tú no te imaginas cuán honda y profundamente le doy gracias a Dios porque tú vives; Él sabe de qué modo y con cuántas ganas te he llamado tantas veces. Y de qué manera he confiado y puesto mi conciencia entre tus manos para que tú la guardes y la hagas limpia y buena para ti. Pues nada más para ti la quiero.

A veces, mayecita, siento que tu sangre me recorre y me llena el corazón y su peso es liviano como cuando a uno lo atraviesan las nubes; es entonces cuando te quiero más, porque me parece como si los dos, tú y yo, juntitos, fuéramos la misma cosa.

Pero eres muy fea y rete ridícula, y el único gusto que tengo es que yo soy igual a ti, muchachita divina. Y no lo tomes a mal si te digo que te amo y que no quiero olvidarte.

Hace ya mucho que no me mandas ninguno de esos besos tuyos ni ningún abrazo. Desde la última vez, hace ya mucho tiempo.

Juan, tu hijo consentido

# LVIII

Mujercita:

No te puedes imaginar cuánto coraje me dio con el correo por eso de que se hubiera tardado tanto la carta que dices que recibiste muy tarde. Pero sucede que yo te la mandé por el aeroplano y con entrega inmediata, sólo que en el correo se alcanzaron la puntada de no ponerle timbres, sino usar una modalidad que no da ningún resultado, como lo estamos viendo tú y yo.

Sabes que estoy muy apurado porque el padrecito De la Cueva no me ha contestado, y yo debía de haber tenido su respuesta hace ya un mes. Me están dando ganas de escribirle otra vez, para darle su regañada, igual a las que tú, a veces, me sabías dar.

Quiero darte una mala noticia acerca de tu vestido. La modista ya tiene la tela y todo lo demás, sólo que me había dicho que iba a dedicar el mes de marzo para hacerlo y que tardaría más o menos ese tiempo; pero el otro día me encontré con un sacerdote amigo mío en una librería y estuvimos platicando de muchas cosas. En eso se me ocurrió preguntarle que, aunque yo no había visto ningún vestido de novia con algo azul, si la Iglesia lo admitía. Él me contestó que el azul se usaba mucho para traje de novia entre los protestantes, y que no sólo no debían ser enteramente blancos, sino que deberían llevar algo azul, cualquier cosa que fuera. Eso me dijo. Pero yo quiero que se lo preguntes al padre Hernández del Castillo, y si él es de otra opinión o sabe que no hay ningún inconveniente me avisas. De lo único que tengo miedo es de que nos vayan a correr de la iglesia por ese detalle tan insignificante. Y en caso de que sea así mándame decir si escojo otro modelo tan bonito como ése, o ese mismo, únicamente sin lo azul, o alguno que tengas por allí y te guste mucho.

No creas, cariñito, eso de estar tú allá y yo aquí nos hace que no podamos escoger las cosas con el gusto de los dos. Ojalá y lo que yo pueda hacer sea también de tu gusto, pues eso sería lo que yo quisiera.

Sin embargo, yo tengo buen gusto para las cosas, y tú no; no, niñita fea. Fíjate nada más en nosotros. Tú escogiste lo peor y yo, en cambio, escogí lo más precioso y maravilloso de las cosas del mundo. Fíjate y verás que así es.

Por ese lado, pues, tengo la ventaja y no sé, pero pienso que sí te va a gustar el arreglo que yo haga de tu casa. No va ser nada raro ni nada extraordinario, pero creo que te va a gustar. Claro que sería mucho mejor que los dos tomáramos parte en eso; pero como no se puede de todo a todo procuraré hacerlo conforme a lo que hemos platicado.

Cariñito:

Ayer me acordé mucho de aquel día en que lo hiciste a uno un muchacho lleno de contento y en que les quitaste lo triste y lo amargoso a estos días que me faltan por vivir. Me acordé mucho de tu corazón tan bueno y de tu amor tan noblemente hermoso.

No creas que me dan ganas de "volver a empezar". Fue tan difícil aquel comienzo y, sin embargo, me hiciste conocer el sabor de la esperanza. De una esperanza que llevaba buen principio y por la que, a pesar de todo, me gustó la forma como me trataste. Así llegué a quererte más, y mi corazón fue tuyo para siempre.

Eres una trucha muy viva. Siempre has sido rete trucha, mayecita adorada.

Y hablando de eso, quería decirte que ya di con la mueblería que andaba buscando. Había visto unos muebles que me gustaron y que eran como tú los querías, y después de recorrer todas las mueblerías di con ellos.

Ahora es cuestión nada más de estar instalado ya en la casa para comprarlos.

Con todo, nada de lo que se pueda llevar allí será comparable contigo. Nada hará que aquello tenga vida y se sienta uno en un hogar sino hasta que tú estés allí, llenándolo todo. Sí, mi sueño, sólo hasta que tú estés (compraré una silla blandita para que te sientes) estarán el bien y la alegría allí, como si estuviera la bendición de Dios. Sólo hasta entonces.

Nunca te podré querer como ahora, amada criaturita.

Tu chachino consentido

Juan

# LIX

*20 de febrero de 1948*

Mujercita querida:

Ojalá todo haya salido bien en la operación del ojo de Raúl y ya pueda, desde ahora, estar muy aliviado y sin molestias. Como tú dices, tu mami es la que ha de haber sufrido más, y ojalá también que ya se le haya bajado la preocupación y esté otra vez contenta, como ella sabe estarlo.

En cuanto a eso de que lloraron mucho por él, él lo merece, y ustedes siempre han sido unos hermanitos muy buenos.

Quiera Dios que ya no haya ocasión que te haga llorar y que ni siquiera algo que te ponga triste. Yo, cuando ya estés conmigo, puede que sí te haga llorar, porque soy de muy mala alma. Veré correr tus lágrimas y me las beberé y haré café con leche con ellas. Así soy de malo yo.

Sin embargo, me gusta más tu risa tan risueña; esa risita loca que tú tienes y que a mí me gustaría poder oír siempre.

Bueno, como te digo, quiera el Señor Dios que ya todos estén bien y de muy buena salud.

Dices que viste al padre Del Castillo y que te dijo que no había ningún inconveniente en eso del vestido. Entonces lo que pasó fue que este padre Arroyo que yo vi aquí me puso los ojos verdes.

Yo quisiera molestarte en una cosa. Ya me dirás si es que puedes hacerlo ahora o nos esperamos hasta la Semana Santa para que yo hable con él. Se trata de que puedas encontrar al padre De la Cueva por teléfono. El teléfono está en el directorio a nombre del hermano, Dr. Fernando de la Cueva. La cosa es que el número que le corresponde es el que se encuentra en la calle de Juan Manuel, y no en el domicilio del doctor, que es otro.

Y en caso de que puedas comunicarte con él le informes que eres Clara Aparicio; con eso él ya sabe de quién se trata. Él ya sabe que eres mi señora dueña de mí. Y el asunto es que te diga que yo le mando preguntar que qué sucedió con la iglesia que nos iba a arreglar, y si él está disponible para esa fecha tuya y mía. Él es muy buena persona y te dará todos los informes; lo que pasa es que es muy flojo para escribir cartas y por eso no me ha contestado.

Ya me dirás si quieres que se haga así o nos esperamos para cuando yo vaya; al fin y al cabo quedará algo de tiempo para hacer las invitaciones y conocer la hora y la iglesia donde tú y yo, los dos juntos, le diremos al Señor que seremos buenos el uno para el otro, y que nos ayudaremos y que seremos los grandes camaradas. Eso seremos.

Otra cosita más: te amo rete mucho.

Cariño:

Todavía no está decidido el lugar donde tendremos que vivir; pero lo único que sé es que no será en la lejanía de Narvarte.

Ya te he de caer re mal con eso de Narvarte y no Narvarte. Y es que realmente he andado con eso desde hace mucho. Con todo, yo quiero tenerte al tanto de donde encuentre un lugar que te guste, pues al fin y al cabo ésa va a ser tu casa y tiene que ser un sitio donde tú te sientas bien y a gusto.

Lo que sí creo poder asegurarte es que ya para el mes entrante lo sabremos bien a bien, o quizá ya en estos días.

Tal vez sean difíciles para nosotros los primeros tiempos, y de eso ya hemos platicado otras veces. Pero quizá después las cosas se compongan y, cuando no seamos nada más los dos solitos, ya el mundo sea otro. Y en todo eso me ayudará la hermosa fe que tengo en ti, porque tendré por quién vivir y por quién luchar en este mundo. Y eso sirve. Tu manera que tienes de alentar a uno me ha servido de mucho y me seguirá sirviendo siempre.

Ahora sé que ya no necesitas decirme nada. El saber sólo que eres una cosita querida y venerada y que piensas en uno y que no lo olvidas, eso me hace sentirme por encima de mucha gente, gordo de orgullo y con el espíritu limpio.

Por otra parte, Dios está contigo y de tu parte. Él procurará que no te falte nada como hija y criatura consentida que de Él eres.

En cuanto a mí, lo que yo deseo por encima de todo es quererte suavemente (como consentido que soy de ti), con un cariño nuevo cada día nuevo y cada día más obstinado. Y nunca me sentiré arrepentido de que mis fuerzas estén unidas a las tuyas, que me han hecho más fuerte. Pero tampoco, nunca, me perdonaré si yo me porto mal. Nunca me perdonaré nada que sea contra ti, mi vida, adorada criaturita.

Chachina fea:

Salúdame a todas esas buenas personas de tu casa y, vuelvo a repetirte, ojalá ya nada los llene de apuración.

Recibe muchos besos de tu muchacho y todo su amor, mayecita.

Juan

# LX

26 de Feb. 1948

Mayecita querida:

A mí también se me perdieron mis registros. Eres rete traviesa. Pero ella es preciosa así, no queriendo que desde el púlpito de veinte iglesias digan los años que ella tiene. Por otra parte, el padre De la Cueva tiene razón al habernos dicho lo que necesitábamos con anticipación, pues yo tengo que mandarle decir a mi hermano que me saque las actas y, como también es muy flojo para escribir, tal vez tarde algún tiempo en hacerlo. Yo no sé si tú estés bautizada aquí o en Chihuahua o en Jalapa o en Celaya o en alguna otra parte del mundo. Pero por lo que me acuerdo tal vez sea aquí donde te hayan registrado cuando nació esa cosita tan querida. Lo de la iglesia del Carmen está bien, y la hora también me gusta; ahora falta que el padre De la Cueva no se nos distraiga y crea que es otro día, porque él siempre anda en las nubes. Con todo, estuvo muy bien que te hayas comunicado con él para que así nos pueda seguir dando informes.

Quisiera que no faltara ya nada para ese día y que todo saliera como nosotros lo queremos.

En cuanto a los lugares donde he vivido y los años que he estado aquí y allá son de este modo: de 1932 a 1942 en esta tu tierra, en un lugar llamado "El Molino del Rey", perteneciente a Tacubaya, D. F.; allí viví todo ese tiempo, menos un año, que fue el de 1940, cuando anduve en la vagancia recorriendo el país. Después en Guadalajara, allí donde vive ahora mi corazón. La iglesia que me corresponde ahora es la de San Felipe, aquí a la vuelta. Y nada más. No me acuerdo de haber vivido en otra parte, a no ser cuando estaba en la escuela, que fue allí también, en Guadalajara. Pero yo creo que eso no cuenta. O cuando estaba recién nacido, que tampoco cuenta, según yo creo.

Por otra parte, y aquí entre nosotros, muy en secreto, te digo que el tiempo en que yo he vivido realmente es el tiempo que tengo de conocerte y de quererte a ti sola y única maravillosa y venerada mujercita. El resto del tiempo fue un tiempo muerto en que yo también estaba muerto. Así que tampoco eso cuenta.

Maye:

Ya casi casi tengo arregladas las cosas de tu casita, pero no te cuento todavía nada hasta no ir allá y platicártelas despacito. Al menos lo necesario y de lo que yo me he acordado y lo que tú también me has indicado ya está. Cierto que falta todavía mucho, pero eso será cuando tú estés aquí y veas lo que hace falta. La casa la pienso tomar en los primeros días de marzo. Nada más que entre la primavera. No la he tomado hasta ahora porque me siento muy raro viviendo en una casa sola, sin nadie más que yo y mi otro yo. Me enfada mucho platicar conmigo mismo. Me aburro pronto de estarme contando cuentos yo solo. Cuando tú estés aquí será distinto, tú alegrarás el sueño ese de estar y sentirme cerca de ti, y las cosas tendrán otro color y otro sabor. El sabor dulce de Clara la chachinita adorada.

No hallo todavía cómo traerme las cosas que tengo allí en Guadalajara, pues no he pensado si tendré tiempo, ahora que vaya, de empacarlas y mandarlas para acá. Son discos y libros, pero cuesta mucho trabajo hacer un bulto con esas cosas.

Sigo teniendo confianza en Dios para que nos proteja y una infinita fe en ti, en ella a quien quiero tanto y desearía que siempre fuera feliz.

Setenta veces besaría tu boquita si la tuviera aquí cerca, muchachita mía.

Juan el tuyo

# LXI

Muchachita querida:

Muchachita buena, ahora no tengo muchas cosas qué decirte de nuestros arreglos. Mientras no me entreguen la casa (departamento) no te podré platicar cómo va a quedar. Sólo te sé decir que los muebles más o menos están como tú los querías y que están muy fuertes como para que duren mucho, y como sé que a ti te gusta jugar ping pong, yo creo que esta mesa bien puede servir para eso. La cosa es que no se me ocurrió comprarla más chiquita. Me gustó así y así estuvo. Mañana, cuando vengas aquí, tal vez te guste igual que a mí. Como te he dicho siempre, con todo, a mí me hubiera gustado que los dos hubiéramos escogido las cosas para que así no hubiera pleitos (ella es rete peleonera). Sin embargo, pienso dejar los rellenos para cuando tú estés aquí y que te toque a ti escogerlos junto conmigo.

Entre otros chismes te cuento que por aquí cayó Juan Otero, muy flaco y triste. Vino a buscar trabajo y ya lo consiguió. Llegó de la frontera, por donde andaba, y dice que Ciudad Juárez lo trató muy mal, pues pasó días enteros sin comer. Te cuento esto porque es uno de mis mejores amigos y la persona más buena gente que pueda haber. Yo le busqué un trabajo, y él, el mismo día, buscó otro. Luego echó un volado y se quedó con el que él había encontrado.

Bueno, hablando de otras cosas, ya salió de Tránsito quien te platiqué y ahora es el encargado de barrer las calles y de que no se apaguen los focos. Yo creo que dentro de poco ésta será la ciudad más basurienta y más oscura del mundo.

Ya sé dónde poder conseguir un perrito de esos que te gustan, y si logramos vivir en algún lugar donde él no esté encerrado nos lo llevamos para que nos acompañe. Los venden chiquitos, tanto que uno no sabe de qué se trata: si de un perro o de un gato.

De esto de la casa, ya te he platicado antes que el tío David tiene unos apartamentos en la colonia Narvarte, pero ya te he platicado y sabes también cuán flojo soy para pedir favores y quizás más tratándose de un pariente. Por este motivo no he hablado con él sobre el asunto, pues aunque no son mis intenciones que me ceda el apartamento nomás por el gusto de verme, sino que procuraría pagarle la misma renta que cobra a cualquiera, el asunto en sí no me gusta, ya que él se vería en el caso de darme el apartamento o quedarse callado, pero no me lo rentaría (eso pienso yo, porque yo siempre ando pensando más de la cuenta). Y entonces, si así fuera, yo me sentiría molesto y no muy contento de haber logrado aquello, aunque me conviniera mucho. Por eso te cuento que ando buscando por otro lado, en algún sitio que desearía te llegara a gustar. Por lo pronto eso ando haciendo.

Me da pena mandarte las fotografías estas que me acaban de sacar porque salí rete flaco y yo, precisamente, estaba esperando engordar un poco para que vieras cuán cachetón me pongo cuando estoy gordo. Pero ya será alguna otra vez; ahora únicamente voy a buscar un sobre donde pueda mandártela, para que tú también me mandes la tuya, y así poder imaginar realmente lo preciosa que ha de estar ella, ella que cada hora se vuelve más y más preciosa para mí.

Ojalá que pronto pueda ir a verte, pues ya me come el corazón preguntándome día a día por ti.

Ojalá pueda arreglar pronto que fueran disminuyendo las dificultades, que cada día fueran menores hasta que desaparecieran por completo, y después poder vivir para ti. Criaturita, ése es mi único deseo: poder vivir para ti únicamente y que no me importaran las demás cosas.

Se me ha pasado contarte mi historia de la lotería. En la que sigue te platicaré ese cuento de cómo me quise hacer rico y me quedé pobre. Ése es un capítulo aparte. En este momento te estoy queriendo aterradoramente.

Juan, tu chachino

Juan Rulfo, *ca*. 1948.

# LXII

Muchachita fea:

No te puedes imaginar cuánto trabajo he tenido estos días. He estado saliendo muy tarde de la compañía y después me he estado peleando con los dueños de las casas por lo muy sinvergüenzas que son. Estoy por arreglar un departamento en un edificio que es de Luis Procuna, el torero; pero el caso es que él no ha podido correr a unos inquilinos que le deben seis meses de renta y, aunque todos los días me promete que ya los va a echar fuera, la cosa todavía está en veremos. Me gusta ese departamento porque no está lejos de aquí y en una carrerita puedo ir allí y volver al trabajo. También me gusta porque le dan mucho el sol y el aire y nos costará únicamente $ 200.00 pesos.

Tengo que darte la noticia de que ya conseguí tu "Beguin to beguin" en inglés. Venía en un álbum donde están todas las canciones de "Noche y día". Lo canta Allan Jones con una voz muy gorda. Ojalá que te guste.

Tengo que darte la noticia también de que tu modista me está fallando. Ayer fui a verla y era la hora en que estaba llenándose de lamentos por el mucho trabajo que tenía. Me había prometido dedicar este mes de marzo a la cosa y ahora resulta que por muchas partes la están apresurando. Con todo, esto no pienso dejarlo para última hora y, de un modo u otro, tengo que llevarte tu vestido para Semana Santa por si hay que hacer algunos arreglos o composturas. En todo caso, y si esta modista tal por cual se pone sus moños (pues ya no hay tiempo de buscar otra) tendremos que utilizar medidas totalitarias. Ya cuando yo vaya y sobre los hechos platicaremos de esto largo y tendido.

Chachita divina:

No está nada bueno eso de que yo nada más me suelte platicando. Porque a mí me gusta más que a ti que tú me cuentes cosas y me digas de qué modo son tus pensamientos. Siempre me ha llenado de gusto tu modo de pensar y de llevar las cosas.

Yo quisiera saber qué puedo llevarte ya ahora de lo que tú vayas a necesitar; algo que no se pueda quedar para el último momento. Aunque yo he pensado que, cuando tú vengas aquí, podemos ir a adquirir lo que nos pudiera hacer falta; de cualquier manera tal vez algo haya en lo cual yo no he pensado todavía o no se me ha ocurrido. Y tú, que eres tan ocurrente, puede que sí lo hayas pensado.

A mí no me han mandado los papeles que pide el padre De la Cueva. Tal vez ahora que vaya me deje dar una vueltecita por allá para ir por ellos. Se los mandé pedir a mi hermana; pero ella está enferma, según he sabido, y quizá por esto no me ha mandado nada.

Me preguntas que para qué día voy a caer por allí, y a esto te digo que puede ser el Domingo de Ramos o el lunes; pero haré todo lo posible por estar allá el domingo 21, si Dios me da licencia.

Querida mujercita:

Estoy rete loco por ti. Eso es lo que pasa.

No te perdiste de nada no oyendo "La Cuesta de las Comadres", pues yo tampoco la oí. Ten la seguridad de que me hubiera dormido de haberla oído. Además, el radio se descompuso de lo viejo que está. Por eso tengo ganas de comprar otro.

Sólo tú, para mi corazón, nunca te descompones. Sigues siendo la venerada mujercita de siempre. La muy noble y amorosa chachina que yo tanto quiero. Sólo tú eres igual. Mucho más querida, suavemente dulce criatura.

No me olvido de ti; no, no me olvido.

Tengo entendido que tú tampoco has olvidado a este muchacho consentido tuyo.

Ahora sólo espero poder ir a verte pronto para tenerte cerca y para sentirte cerca del alma.

Muchos besos a esa boquita traviesa que tú tienes, carita de travesura. Pero muchos.

Juan

Corazón de primavera.

# LXIII

*29 de marzo 1948*

Querida mujercita:

Ojalá estés igual de fea que cuando te dejé, hace ya de esto mucho tiempo. Nosostros llegamos bien y sin novedad, gracias a Dios y a ti, que me guardas con tu corazón de los malos espíritus. Yo me vine queriéndote mucho, pero mucho, y ahora que estoy ya aquí, y que no te veo ya, siento todavía el calorcito de tu cuerpo tuyo tan querido.

Mayecita:

Encontré todas las cosas de la casa tal como las dejé. Ahora ya hay focos que dan luz y agua para bañarse; únicamente el timbre está descompuesto. No sabes, sin embargo, qué raro me siento en esta casa yo solo. A veces me imagino que estás tú aquí también, conmigo; pero no, yo sé que no estás. Te busco en la cocina y en todas partes, pero ella no está aquí. Sólo hasta que tú vengas sabré si esta casa me gusta o no, pues hasta ahorita no ha llegado a gustarme. Ya limpié los vidrios de las ventanas para que se vea bien el sol y tambien limpié los pisos y, aunque no tenemos sala todavía, me he sentado en el lugar donde debe estar, para platicarte mis cosas, aunque sé que pronto lo haré de a de veras. Porque eso le pido a Dios, y que te sientas a gusto aquí y que nada nos haga malos el uno para el otro.

Fui a ver lo de tu vestido y me dieron la seguridad de que para el día l0 estaba terminado. Te lo mandaré, como te dije, en una petaca junto con el mío. Y estoy buscando ya la crucecita para el cuello tuyo, aunque tendré que esperar hasta el sábado, día en que tengo la tarde para ir al centro a buscarla. Otra cosa pendiente es la de los anillos y las arras y no sé qué más. Si tú te acuerdas de algo más avísame que yo aquí estoy, para siempre, para servirla a usted y hacerle los mandados.

Se me pasó decirte que, en caso de que te ajusten los centavos, le encargues a tu tía de Juárez un abrigo de lana para el frío; pues aquí es rete raro el clima, y conforme está haciendo calor luego se suelta haciendo frío. Eso en caso de que te ajusten los fierros; si no, cuando vengas aquí lo compras. Sabes, a veces quisiera tener costales y más costales de dinero para poder comprarte muchas cosas, pero tú sabes que cada día somos más y más pobres.

Con todo, ya tenemos cobijas, y eso ya es mucho decir. También se me pasó decirte que encontré a tu mamacita más llena de salud que nunca, y bien parecía hermana de todos ustedes.

Maye:

México es muy feo sin ti.

Tengo entendido que quedamos de acuerdo en lo de la comida y la bebida. En caso de que haya algún cambio me dices para yo mandarle decir a la tía Lola. Asimismo, te acuerdas de llamarle por teléfono al padre De la Cueva para que nos avise si consiguió El Carmen para esa fecha, y la hora y la música que nos van a tocar.

Cada día creo más en Dios y le estoy muy agradecido por concederme una cosita así como tú. Seguramente a Él le dio mucha lástima verme siempre triste y por eso quiso ponerme a un lado tuyo, junto a esa adorada criatura suya, para que se me quitara por siempre la tristeza. Ahora sólo falta que en un rato tú me vayas a decir "que siempre no". Entonces no sé lo que yo haría, pero sí sé que me daría mucho coraje, que me duraría hasta que yo me muriera.

Criaturita:

No te olvides de uno. Acuérdese de que uno está viviendo sostenido en el cariño de ella. En el pensamiento de ella y en su recuerdo.

Recibe una enorme cantidad de besos de tu muchacho consentido, mayecita querida.

Juan

(Río Duero 13-8, Cuauhtémoc, México, D. F.)

# LXIV

Mujercita:

No te había escrito porque el jefe del departamento donde trabajo me llevó a Toluca, para que lo acompañara a ver a un distribuidor, y no fue sino hasta ahora, lunes, que regresamos en la madrugada. En la casa me encontré con tu telegrama y, aunque hasta estos momentos no he podido comunicarme contigo, creo que ya lo habré hecho para cuando tú recibas la carta.

En cuanto a lo que me cuentas de no poder conseguir la iglesia para el día 24, sería bueno que De la Cueva nos dijera para cuándo la tendríamos disponible. Aunque ya están terminadas las participaciones, de cualquier modo se podría mandar hacer un sobretiro con la fecha exacta, pues aún hay tiempo para hacerlo.

Ya compré tus sobres y en cuanto pueda ir al correo te los mando.

Ojalá todo salga bien, mayecita, y no se le ocurra a la gente ponernos más dificultades, porque entonces nos soltaremos matando a todos los padres Aguinagas (porque yo creo, y así se lo dije a De la Cueva, que el Aguinaga era muy canijo). Ahora, en caso de que no nos quieran prestar El Carmen, allí está el

Sagrario y de ese modo hasta quedaríamos bien con el señor cura regañón de allí, que tú y yo ya conocemos. Ya verás cómo todo va a salir bien.

Criaturita querida: he estado pensando que sería mejor que vayamos a Acapulco en lugar de Veracruz. A Veracruz ya tendremos tiempo de ir en alguna otra ocasión. He estado pensando eso porque me acuerdo de las ganas que tienes de conocer Acapulco y porque, realmente hablando, Acapulco es muy suave. Por otra parte, yo le tenía miedo por lo inhospitalaria que es allí la gente, pero estando nosotros allí, tú y yo, la gente no es importante. Lo importante eres tú y nadie más. Y el mar también. Ése es el único amigo que tenemos que ir a buscar allí, y él allí es siempre amigo de uno. Así que es pues a Acapulco a donde, si Dios quiere, iremos a pasar nuestras vacaciones. Quiero, sin embargo, que me digas si estás de acuerdo con esto y si no tienes nada qué opinar de tu parte.

Tu short, que dices te queda muy bien, se verá muy bonito junto al agua azul y verde, aunque no es el short, sino tú, la que le quedas bien al short. Eso es lo seguro.

La semana pasada anduve rete ocupado ayudándole a la tía Julia a cuidar a su esposo, el papá de Venturina, la que tú ya conoces, pues ahí tienes que se pasó durmiendo tres días seguidos, sin parar, en un sanatorio, y todos creían que ya no iba a despertar nunca. Pero al fin despertó; eso sí, muy malo y creyendo que estaba muerto.

Mayecita fea:

Adorada muchachita chorreada, yo tampoco te haré enojar nunca, pero nunca. Me dolería en el mero corazón hacerte poner corajuda. Además, así contenta se ve ella muy chula, y enojada no. Y no me gustaría ver esa cosa horripilante que es ella cuando para el pico. Por eso siempre he insistido en que no se quede seria y callada cuando algo le pase, sino que diga lo que tiene, para que así sienta ella ese descanso que viene después de haber soltado lo que tiene encerrado en su cabecita. Dios quiera que yo nunca te haga sufrir ni tantito. Él sabe que esos son mis deseos, y Él me ayudará para que sea bueno contigo, que es eso lo que tú te mereces siempre.

Ojalá todos en tu casa estén bien y muy llenos de salud. Yo aquí muy trabajador, pero esperando ir a verte lo más pronto que pueda, para traerte para acá y estar junto a ti siempre, queriéndote y venerándote mucho y dándote muchísimos besos, amorosa criatura.

No te olvida ni un momento tu muchacho tuyo...

Juan

Clara en 1948.

Fotografía de Juan Rulfo.

# LXV

Querida mayecita:

Me dio mucha alegría verte aquí retratada. Parece una cosita de jugarreta este retrato tuyo tan suave donde tienes todita la cara de ser muy traviesa. No por algo me parece que nací queriéndote y que nunca haré nada mejor que amarte mucho y sin fin, criatura mía.

Me da gusto saber que arreglaste por fin lo de tu matrimonio para las once del día 23. Yo, como siempre te he dicho, te acompañaré, yendo a tu lado para que tú te cases. Iré a un lado tuyo y humildemente le pediré a Dios que seas feliz, con todas mis fuerzas y las fuerzas de mis pensamientos le pediré eso. Porque yo sería el primero a quien le dolería mucho que no consiguieras la alegría que mereces.

Sí, mayecita, yo me sentiré feliz únicamente con acompañarte a esa boda tuya, sosteniéndote en mis brazos y deseando seguir así siempre, siempre a tu lado por los caminos de este ancho mundo. Y me sentiré grandemente contento al sentir que camino con el mejor amigo de mi vida (ella), y por estar confiado a tu corazón y a la amistad de tu alma tan amada. ¿No pido casi nada?

Estoy aquí en medio de esta casa tan sola y pobre y pienso muchas cosas. Pienso en ti cuando estés en esta casa tuya. Y me entra el miedo de que todo esto, así como está, te ponga triste y llegues a renegar de mí y a olvidarte de mi cariño. Tengo temor ahora, cuando de todo lo que he imaginado para ti sólo tengo tan poco. Y sin embargo, si sólo fuera el cariño que te tengo, ese amor mío por ti estaría muy lleno de confianza, porque aquí en secreto te lo digo: nada he podido querer tanto como a ella; y nada ha sido tan profundamente dulce y lleno de ternura como ella. Y nada es tan adorable como su corazón.

Así van las cosas aquí en tu casa.

En cuanto a la bola de cosas que me cuentas no sé por dónde empezar, pero te confiaré que yo aquí también me he metido en muchos líos. Lo de las participaciones ya no se pudo reformar, y hay que mandar hacer otras. Como todavía no sabía la fecha exacta no se la pude decir al imprentero, pero sí me dijo que no me aseguraba entregármelas pronto, de no ser el mismo lunes cuando yo se las encargara. Así pues, no hallo cómo hacerle en esto, o si busco algún otro, aunque sé que todos son igual de informales. Con todo, quizá eso se pueda arreglar.

De lo que me cuentas de la iglesia sería bueno saber cuánto van a cobrar ahora, o si quedaron en el mismo precio que a mí me habían dado. De ser así te enviaré el dinero ahora mismo ($300.00), y si es más después les daremos el resto. Ojalá no te haya pedido Aguinaga para su fábrica espiritual porque entonces sí estamos atrasados. Quizá lo que debes hacer en este caso es no hablar con él directamente, sino llevarle los centavos a De la Cueva para que los dos se entiendan como puedan. Ahora también está que De la Cueva se suelte comprando libros con ese dinero y después no demos con él. Pero existe la promesa de su parte de que nos va a decir la misa, y no creo que nos falle ya más.

Lo de la comida me parece que está arreglado. Tendremos tiempo para que vayas a la casa y te des cuenta de cómo podemos organizar que se acomode la gente. Los cubiertos y las sillas y los vinos, como habíamos quedado, los vamos a poner nosotros, tú y yo y los de mi casa, y no creo que se vayan a necesitar mesas (allí hay muchos escritorios). Después de todo estamos de acuerdo en hacer la lucha porque nuestra fiestecita no nos resulte mal. Ya verás que no.

Lo que me apura es lo de las participaciones.

A mi hermano ya le escribí para que nos prestara a una de sus hijas, y ten la seguridad de que lo hará. Voy a mandarle decir eso de que nos la vista de blanco.

Esta pluma con que te estoy escribiendo es de las de contentillo. Te aconsejo que nunca vayas a comprar plumas Waterman, porque a veces les da por no querer escribir. Me dijeron cuando la compré que dizque sabía hacer versos, pero no es buena ni para decirte: muchachita divina.

Tus otras cosas no las esperes sino hasta cuando yo vaya. Entonces me las llevaré. He pensado eso porque no tiene objeto que yo llegue después con las manos vacías. Por otra parte, tengo pensado ir unos tres o cuatro días antes del 23 y así, entre los dos, iremos de aquí para allá a arreglar lo que resulte descompuesto.

Ahora que ya está confirmada y le dieron de cachetadas, no se le olvide su acta de nacimiento; eso es muy importante para los jueces. Si no la has conseguido estaría bueno que fueras al registro civil y te hicieran nacer otra vez. Así puedes escoger el lugar que más te guste para haber nacido (yo creo que en el Paraíso).

No te olvides pues de avisarme lo que hay que entregarle a Aguinaga. Lo de tu pastel no sé si quedaría mejor si tú lo hicieras; así estaría más sabroso.

No te olvides de saludarme a todititos.

No te olvides de tu chachino, que te ama con un amor bueno e infinito.

De tu chachino que te quiere ver pronto y darte muchos besos y muchos abrazos.

Juan tu hijo consentido

# LXVI

Señora:

Creo que ya se te acabaron de acabar los sobres color de tu sangre, porque ya me lo habías dicho y porque vi llegar uno de los antiguos; pero aquí te tengo un paquetito, nada más que me ha sido imposible ir al correo a la hora que reciben paquetes y no he podido mandártelos. A ver si mañana.

Sabes que ese padre Aguinaga es muy sinvergüenza. Eso es lo que es.

Lo de las participaciones ya no tiene compostura; se vería un borrón muy grande porque toda la fecha iba con letras así: "el día veinticuatro de abril a las doce horas". Como ves, sería un borradero muy grande. Ojalá que estas nuevas me las entreguen a tiempo.

Madre: pon mucho cuidado en lo que te voy a decir. Tienes que conseguirme una madrina. La tía Rosa está enferma desde ayer y tiene intenciones de no aliviarse pronto. Por lo tanto, no creo contar con ella; así pues, busca con tus ojos a alguien para que sea madrina mía: Gloria, por ejemplo, y que Chela sea la del lazo. Tú sabes arreglar muy bien las cosas y te dejo para que tú decidas. Aquí no puedo llevarme ya a nadie, pues mi prima

Venturina no tiene un rato libre cuidando a su papá, que está muy enfermo y lleno de rarezas. Mi tía Julia, la mamá de ella, está por el estilo. Y de allá, bueno, para qué te hago una lista: todas las mujeres están en estado interesante. Así pues, apúrate a que sea alguien de tu casa. Ésa es la noticia que te tengo.

No se emborrache mucho el sábado, día de su despedida, tome medidito para que no le haga daño.

Aquí ya no puedo estar ni un rato en tu casa, porque en cuanto llego vienen a visitarme los cobradores. Yo no sabía que hubiera tantos y tantos cobradores en este mundo. Pero hay montones de ellos.

Lo que no hay son Claras Aparicios. De ellas nomás hay una, fea y horripilante como ella sola, pero nada más querido para uno que ella. Nenita tonta.

Aquí te mando una muestrecita de cómo es la chachina en sus ratos distraídos. Se parece a alguien a quien yo he querido y quiero mucho. Tiene el aire de Ella (como el trigo de las colinas, ¿verdad?).

No he tenido tiempo de mandarlas amplificar, pero después lo haré. Las que tú me sacaste se echaron a perder. Así es la vida.

Mayecita:

No le des ni un rato de descanso a Dios pidiéndole por nosotros. A ti te oye mejor que a mí porque eres rete buena y tienes un alma poderosa.

Mi corazón está contigo siempre.

Llénala todita de besos.

Juan

el tuyo

La boda, oficiada por el padre De la Cueva el 24 de abril de 1948.

Clara y Juan en el festejo después de la boda.

En el puerto de Veracruz en abril de 1948.

# LXVII

Muchachita:

Se me acaba de acabar la tinta; por esta vez me vas a perdonar que te escriba en esta maquinota antigua que me encontré aquí en el hotel.

No hemos tenido casi un rato de descanso, todo es un puro ir y venir de aquí para allá como si se nos hubiera perdido algo. Ahora vamos a salir para Martínez de la Torre, Veracruz; después iremos a Tuxpan y de allí nos volveremos a México por Pachuca. Como ves, todavía nos falta un buen trecho que recorrer. Al salir de Jalapa pensé contestar tu carta, pero este tipo Lecumberri no me da tiempo de nada. Me trae muy cortito y no se separa ni un minuto de mí. En Jalapa estuvo lloviendo todo el tiempo que nos pasamos allí; también aquí en Teziutlán ha estado llueve y llueve.

Todos los días y a cada rato le estoy pidiendo con todas mis ganas a Dios por ti; porque te proteja y te cuide y no te haga falta nada. Ojalá así sea.

Únicamente vivo con la esperanza de acabar pronto con Lecumberri, para después ya poder disponer otro sistema de tiempo y que tú andes conmigo. Por aquí los paisajes son bonitos y hay muchas manzanas. Con todo yo sé que estaría mucho más a gusto allá contigo o junto a ti.

Quizá después de todo no resulte tan difícil este trabajo; es algo molesto, pero no difícil.

Bueno, de cualquier modo lo que quiero es tenerte cerca.

Quién sabe si para estas fechas ya hayan podido arreglar todos los problemas de la casa y ya no tengan dificultades. Espero que así sea.

Le hice toda la lucha a Lecumberri para que nos fuéramos acercando a México para este fin de semana; pero nada: entre más, más nos hemos ido internando en la costa y alejándonos de México, así que todavía pasará una semana para poder verte. Quién sabe si, después de todo, esto lo terminemos más rápidamente y así no nos entretengamos más de la cuenta.

Si algo se te ofrece no te olvides de comunicarte con la fábrica; ellos saben exactamente dónde encontrarnos y la manera más fácil de comunicarse con nosotros.

Ojalá todo salga bien después de tanto lío, y las cosas vuelvan a normalizarse como antes. Y que tú y Chela estén ya sin faltarles nada.

Espero, pues, estar contigo pronto; éste de ahora es el viaje más largo de la ruta, y los otros que faltan ya son más cortos y más cercanos.

Quiera Dios que todo siga bien tanto aquí como allá y que pronto pueda estar dentro de los brazos de esa mujercita a la que tanto quiero.

Muchos besos de tu hijo.

Juan

# LXVIII

Madrecita:

Te recuerdo mucho. Cada hora, cada minuto me estoy acordando de ese bultito al que quiero tanto y tanto extraño.

Ahora estamos aquí, en el centro del calor, entre el río y el mar. Ayer en la noche nos tuvimos que pasar seis horas a la orilla del río Tecolutla, esperando el chalán que nos pasara al otro lado, donde está Gutiérrez Zamora. Como no nos pasó por estar crecido el río nos regresamos a dormir a un lugar que le dicen Playa Paraíso, que está a la orilla del mar. Toda la noche estuve oyendo el mar, que estaba muy alborotado. Al fin hoy en la mañana logramos pasar el río y estar en Tecolutla. El teniente coronel, que dice que este lugar es el mejor de todos, está chiflado, porque aquí no hay más que mosquitos y un calor endemoniado. Te estoy escribiendo esta carta sin camisa porque, como te digo, todo esto es un baño turco.

Ayer en la tarde nos topamos con la plana mayor de la compañía. Estábamos en un pueblo que se llama Martínez de la Torre cuando llegaron Phelan, Moritz, Robles León y otros que iban para México y venían de Tampico. Phelan me dijo que te iba a mandar decir que yo te saludaba y que estábamos bien.

En esta región por donde andamos ahorita hay mucha abundancia de todo. Las carreteras son muy buenas, y la gente es muy sincera. Hablan con puras malas palabras y le echan la viga a todo mundo.

Por cualquier lado vienen y van trocas cargadas de plátano, y Gutiérrez Zamora huele a vainilla. Casi toda esta zona es muy rica y la gente muy trabajadora. A mí me habían contado que los veracruzanos eran flojos, y ahora me doy cuenta de que no es cierto.

Como te puedes imaginar, me he portado bien y todavía no tengo ninguna novia. Con una me basta, y ya tú y yo y todos sabemos quién es ella.

Mañana volveremos a los caminos. Éste es un país muy extenso y por más que uno ande y ande nunca le da fin.

También desde aquí eres lo más hermoso que yo conozco y ni las palmeras ni los ríos ni el mar son como tú de bonitos. Eso te lo cuento a ti sola porque tú me sabes creer y sabes que siempre digo la verdad.

Ojalá todo esté bien por allí y que todo siga bien siempre y para toda la vida.

Salúdame mucho a Chela y dile que no se desavalorine, que ya pronto iré por allí para que ella ya no tenga pendiente de ir a Guadalajara. Dile que Guadalajara es muy feo, etc., etc.

No te olvides de hablarle a tu abuelita para que las acompañe unos días. Ni a la tía Julia, por si algo se les ofrece. O a Raúl, para lo mismo.

Y pórtense bien, como yo me porto, y no hagan travesuras ni jueguen a pelearse.

Madre:

Pronto nos veremos, tal vez el sábado, y quiera Dios que todo salga bien y nos ayude.

Ojalá no te hayas puesto enferma de nada y no te pongas nunca enferma. Dios y yo no queremos sino que siempre estés bien, gordita y chapeteada y con esa alma dulce que tú tienes.

Acuérdate de tu hijo que te ama mucho y te da muchos besos y toda su vida.

Juan

# LXIX

*Gutiérrez Zamora, Ver. 7 de noviembre de 1948*

Mujercita querida:

Hasta hoy he tenido un poco de calma para escribirte y mandarte envuelto en un sobre el cada vez más grande amor que te tengo.

Sigo siempre preocupado por no saber si estás bien. No sabes cuánto quisiera que Dios te amparara mucho y te cuidara; a Él le pido todos los días eso: y más le pido porque al fin llegue a encontrar la manera de estar contigo para poder ver cómo amaneces y cómo estás cada hora del día. Ojalá ya duermas bien y no te estés despertando a altas horas de la noche y que ya no te duelan el estomaguito ni los dientes ni nada.

Aquí encontré esto lleno de viento, igual como el que nos tocó en Veracruz. Yo creo que allá ha de haber hecho mucho frío, pero ahora ya se ha de haber quitado, pues aquí éste fue el primer día sin aire.

No creas que he estado contento. No, no creas eso. He estado más bien achicopalado. Antes creía que tenía alma de vagabundo, pero desde cierto día para acá sé que no la tengo. Quisiera estar en mi casa junto a mi mujercita y mi hijo y nada más. Entonces conocería que he logrado la tranquilidad. Por acá el mundo se va estrechando; los pueblos son cada vez más muertos, y el tiempo es muy largo. Cuando andaba contigo me sentía como si anduviéramos de paseo. Ahora que ando solo siento que voy entrando en un mundo extraño, donde no sé qué he venido a hacer. Mañana iré a Papantla y Poza Rica, después a Tuxpan, luego me regresaré por los pueblos de la carretera de Pachuca; esto me llevará toda la semana, casi estoy seguro, y si Dios quiere estaré en ésa el sábado por la noche.

Ya se me alivió el canijo catarro, pero pasé unos días muy molesto; con todo, doy gracias a Dios porque no me haya durado más, pues entonces me hubieran corrido de la compañía por enfermo e inútil y no sé cuántas cosas más.

Espero que todavía estén allí las Ulloa y te inviten seguido; así también las tías Julia y Rosa. A Rosa no dejes de hablarle por teléfono para ver si ya se le bajó el coraje.

No me he emborrachado ni me he portado mal, así que esté usted tranquila por ese lado; por otro sólo quisiera que tú estuvieras bien de todo a todo y que nada te faltara.

Acuérdate de que yo siempre me estoy acordando de ella y de que no la olvido en ningún momento.

Madrecita, tengo que apurarme para decirte que desde por acá creces y creces en amor, en olas cada vez más grandes, y para desearte que estés contenta y no te dé guerra ese hijo guerrista que tú tienes allí contigo.

Ojalá todo siga bien y continúe siempre bien todo lo tuyo. Y espero verte el sábado para decirte de otro modo cómo es de tremendo mi cariño por ti, mujercita fea y chorreada y horripilante.

Recibe muchos besos largos y muchos abrazos muy apretados de tu hijo que tanto ama a tu alma.                     Juan

Original de la tarjeta postal con fecha de 10 de diciembre de 1948.

# L X X

10 *de Dic. 48*

Muchachita:

No creas que me he olvidado un momento de ti, y sólo estoy esperando terminar muy pronto para ir a verte. Ésa es una de las cosas que me dan más gusto: verte de pronto, después de algunos días que me parecen meses, verte a ti toda entera. Como ves, aquí el mar es de otro modo. Se parece algo a ti, no mucho, tú eres más tranquila y mucho, mucho más bonita. Te pareces a una novia que yo tuve hace cosa de dos años, pero ahora la quiero más que entonces. Aquí hace mucho calor y no lo dejan dormir a uno los zancudos. Ojalá que todo vaya bien y que tú estés mejor que nunca y que Dios te siga bendiciendo y queriéndote como yo.    Juan

# LXXI

Querida madrecita:

Hoy que regresé a México encontré tus tres cartas. No sabes el gusto horrendo con que las leí y las volví a leer. Luego luego me he puesto a contestarlas para que sepas que no soy tan flojo como me pintan. Me enteré por ellas de que llegaron bien y que sólo Gloria metió el desorden al ocurrírsele la mala idea de marearse. No te mandé ninguna tarjeta porque el trato fue que iba primero a recibir carta tuya.

No sabes cuán triste encontré tu casa. Toda sola y fría como un ataúd frío. Hasta el perico está triste como nunca. Y es que nos haces falta, mucha falta junto con la cosita esa que te llevaste. El perico dice que éste de aquí es mucho silencio y que quisiera oír los gritítos de Claudia a todas horas. El perico también se extraña de que esté esta casa tan oscura, como si hubieran apagado todas las luces, también la del sol. No es lo mismo, dice, ver la vida aquí alrededor de uno, y de pronto nada, ni aquella mano suave que me echaba al agua en las mañanas y prendía trapos blancos a secar por montones.

También le parece raro no ver ya a su tía, que lo llamaba todos los días y le decía currito come y jugaba con su pico a los guamazos. Y también aquella carita con su boquita de colchón que se le quedaba mire y mire como si fuera un juguete. Eso dice el perico.

Pero quiero platicarte desde el principio. Se me hizo tarde llegar a México porque se me descompuso el coche y también porque no me daban muchas ganas de llegar a esta casa, que sabía iba a encontrar sola.

Cuando te fuiste y vi que el tren ya no se veía me sentí muy raro y casi me dieron ganas de irme a emborrachar; era como si se hubiera echado a perder algo dentro de mí. Pero no me emborraché, ni me fui al cine; fui con Tamayo a tomar un café doble y de allí me fui a la casa. Me acosté y me dormí después de muchas horas que estuve pensando en ti y en Claudia, y luego le pedí a Dios que las protegiera mucho y les mandé un beso desde aquí.

Al día siguiente me fui hasta Taxco y de allí hablé por teléfono a la fábrica, y hasta ahora regresé.

Creo que no me vieron porque Lecumberri no me dijo nada. Lo encontré muy cambiado, tratándome amablemente y como si quisiera pedirme perdón por las veces que me ha tratado mal.

Acapulco estaba muy feo. Llovía y hacía mucho calor, y la marea estaba tan alta que nadie se atrevía a bañarse en ese mar furibundo.

Chachinita, nunca tan querida como ahora. Los días se me han hecho largos como caminos. Ya no sé cuándo te fuiste. A veces creo que hace tres meses. Ahora siento lo que sentías tú, aquí sola, antes de que naciera Claudia. Me dan como escalofríos cuando me imagino lo que debiste sufrir, cuando estabas enferma y sola, sin nadie aquí que te ayudara. Ahora sé por qué a veces te ponías a llorar solita, como si todos te hubieran abandonado. Ahora lo sé muy bien, criaturita fea. Y sé cómo te pasabas las noches con los ojotes bien abiertos, oyendo los ruidos de la calle, y lo que has de haber necesitado para dominar esa soledad.

Siempre he comprendido que eres muy grande, chaparra idolatrada, y que tu corazón es poderoso.

Madrecita:

Quisiera que verdaderamente estuvieras bien y no delgadita como me cuentas. Está bien la idea de que vayas a ver al médico para que te recete algo contra la flacura; además, debes cuidarte mucho, no es justo que te enfermes de nada.

De Claudia me dices que está a todo dar; ojalá se le alivie su catarrito y no pierda su aire travieso, porque es igualita a su mamá en esto de las travesuras.

No te puedes imaginar cuánto pienso y me acuerdo de ese par de muchachitas que quiero y rete quiero más que ninguna nada.

Ojalá, como me dices, que pronto estén aquí, para llenarme de alegría viéndolas jugar a las dos buenas mujercitas mías.

No le des mucha guerra a tu mamá, porque entonces nos odiará a todos los Aparicio Rulfo por guerristas, y después ya no nos querrá ver. Salúdamela mucho y a todos en tu casa, que mis deseos son que todos estén bien.

Hace como una hora que hablé con Phelan sobre el asunto de la revista "Mapa". Me dijo que ya estaba viendo ese asunto. También me informó que probablemente me dejarán aquí en la compañía, que ya estaba buscando en qué departamento. Me dijo que tal vez fuera en el de publicidad, porque Robles León está por necesitar alguien que le ayude a hacer un catálogo de los productos de la fábrica. De cualquier modo, esto quiere decir que ya está de acuerdo en que me quede aquí. Sólo espera que regrese Moritz para decirle seguramente que vaya buscando a algún otro para la ruta.

Esto, como tú puedes suponer, no es una cosa todavía segura. Ya te informaré sobre el resultado. Y de arreglarse en alguna forma todavía tendré que viajar algún tiempo, mientras encuentran quién vaya en mi lugar y lo lleve a presentar.

Ahora voy rumbo a Puebla, de allá sí te mandaré tarjetas.

Como ves esta carta está re larga y cada letra es un beso muy lleno de cariño que te mando a ti y a ese como nido de gorrión que es nuestra hija. ¿Verdad que es re fea ella? No sé qué me pasa, pero cada día las quiero más.

Abre mucho los brazos porque aquí te mando el más apretado y lleno de amor de todos los abrazos de amor que existen en el mundo.

Que Dios las proteja mucho y las bendiga mucho, que su padre siempre está pidiendo eso por ustedes, y que nunca estén tristes como yo.

Aquí todo está bien. Aldegunda todavía está aquí y parece que se ha portado regular. El perico, aunque un poco triste, todavía no se ha muerto, ni tus plantas. El lunes a más tardar te mando, etc., etc.

Recibe el cariño de tu hijo que espera verte pronto, chachinita querida.

Tu Juanucho

Clara y Claudia en 1949.

Fotografía de Juan Rulfo.

# LXXII

Muy querida madrecita:

Nunca llegué a creer que este trabajo fuera a hacérseme tan pesado, a tal punto que a veces, muchas, me detengo en cualquier parte del camino y pienso en abandonarlo e irme a México, allá contigo y dejar que pase lo que pase. Pero luego pienso en ese par de muchachitas mías y pienso y pienso y luego sigo adelante. Pero ninguna vez como ahora he sentido la desesperación de seguir contra mi voluntad, siempre hacia donde mismo, a decir las mismas cosas y hacer las mismas cosas.

Lo único que vale para mí son esas dos criaturitas de Dios a las que tanto amo. Ellas y nadie ni nada más. Yo había creído que al fin había encontrado la serenidad y que me podía sentir tranquilo y seguro. ¿Pero cómo puedo sentirme tranquilo lejos de ti, que es lo único que tengo y por quien vivo? Y si esto es todo lo que vale para mí sobre la tierra, ¿a qué sacrificar por otros intereses que no son míos el estar siempre alejado de ellas? Si al menos esto nos dejara algo, algo con qué asegurar el mañana, tal vez lo mereciera, pero tú sabes que apenas vivimos, que debemos más que antes y que encima de eso está allí la envidia, esperándome siempre, como si estuviera quitándoles el pan a otros.

Le dije a Moritz que te avisara que no iba a ir; pero en el fondo estaba por ir, a pesar de todo. Y si esa orden hubiera venido de Lecumberri, créeme, hubiera ido, para de una vez por todas taparle la boca y darle a entender el mal que me ha hecho.

¿Recuerdas que salí el lunes? Pues bien, el martes a las siete de la mañana me habló él por teléfono, casi con la seguridad de que no me iba a encontrar en Jalapa. Nada más para eso me habló, pues no me dijo nada especial. Y seguramente le dio coraje haberme encontrado, pues se soltó diciendo que la mayor parte del tiempo me la pasaba en México y que le iba a decir a Phelan que sólo trabajaba tres días de la semana.

Luego vino el sábado. Yo le había llamado el viernes al mediodía, y seguramente creyó que acabándole de hablar había salido yo para México, pues también eran las siete del sábado cuando me llamó, y también con la seguridad de que no me iba a encontrar, porque no tenía ninguna instrucción que darme, ya que habíamos hablado de todo un día antes. Entonces le volvió a dar coraje y se soltó diciendo una serie de estupideces sobre mis informes, diciendo que no había recibido ninguno en todo el mes, siendo que yo ya no tenía nada pendiente.

Como tú ves, a este tipo le ha dado por querer descubrirme fuera del trabajo para tener un motivo que chismear y justificar en alguna forma mi separación de la compañía. Parece que tiene urgencia de hacerlo; seguramente ya sabe que no quiero viajar más y trata de que me separen de la compañía como si hubiera fracasado. Ésa es su idea.

Tú sabes que si yo voy a México es porque tengo necesidad de ir, y que es lo más importante para mí. En este caso se me ocurió decirle que iba a ir. Entonces se puso como perro. Yo no le contesté. Vino Moritz y con otras palabras, es decir, con atención, me dijo que estaba muy lejos de México y que quería que terminara la ruta.

Entonces le pedí que te avisara que no iba a ir a verte el domingo.

No madre, la vida no es ésta. Me he equivocado de camino. Si al menos tuviéramos alguna esperanza de mejorar aguantaría más; pero no, hemos llegado al tope, de aquí ya no se pasa. Yo estuviera conforme si me dieran la facilidad de estar en México cada ocho días, siquiera eso, y si no existiera esa raza de Lecumberri, que le hace a uno los días muy difíciles, que casi se siente uno como si lo estuvieran martirizando. Tú sabes lo que yo quiero decir, porque tú, más que yo, te sacrificas en esa soledad en que vives.

Siempre he creído que uno debe aceptar la vida tal como es, pero siempre y cuando no tenga remedio. En este caso es distinto; hay algo que nos separa a ti y a esa otra criaturita de mí, y uno tiene que luchar por lo que más quiere. Entonces ese algo hay que destruirlo; entre tú y yo podemos destruir lo que nos impide estar en nuestra casa y buscar la manera de ayudarnos uno al otro.

A veces quisiera escribirle a Phelan para contarle cómo están las cosas, pero no quiero meterme a intrigante. No vale la pena lo que me dan para mantenerme, más o menos, para hacer historias que no conducen a nada. Con todo, si las cosas van más allá me defenderé en alguna forma. Por otra parte, Phelan ya me prometió cambiarme de empleo; esperaré agachando la cabeza a que esto suceda. Mientras tanto, buscaré otra oportunidad que me permita salir de esa fábrica de intrigantes estúpidos.

Te estoy diciendo cómo pienso, porque sé que tú, como amiga que eres mía, estarás conmigo. Yo sólo necesito de eso, que tú estés conmigo. Siendo así nada me asusta.

Lo que quiero es liberarme de esta debilidad de voluntad que se ha hecho cargo de mí desde que comencé a trabajar en esa dichosa fábrica. Créeme, antes sabía a dónde iba, sabía pensar y desarrollar alguna idea. Sabía lo que necesitaba y más o menos la forma de conseguirlo.

Ahora me parece que ando volando. Que tengo los ojos cerrados y que camino a ciegas por todas partes y que casi necesito que me lleven de la mano. Te puedo asegurar que nunca me había sentido tan inseguro.

Sólo tú estás. Sólo tú cuentas. Lo demás es un juguete que hay que despedazar porque nos hace daño estar jugando con él a eso de estar sacrificando nuestro mejor tiempo a intereses que no son ni pueden ser nuestros.

Mi mejor apoyo es tu corazón; solamente allí me siento hombre vivo.

Espero verte pronto para poder platicar más largamente de este asunto y para abrazarte y besarte mucho, que son mis únicos deseos.

Muchos abrazos para la chachina chiquita y todo mi amor para tu alma buena. Tu

Juanucho

# LXXIII

*Jalapa, Ver. 12 de octubre de 1949*

Adorada mujercita:

No sabes de qué modo tan raro te extraño a ti y a ese pedacito de ti igual de travieso a ti, que está allí contigo y que los dos queremos tanto.

Aquí solamente hay niebla, mucha oscuridad y niebla revuelta con lluvia. Esa llovizna que tú conociste. Por las noches deja de llover agua, pero siguen lloviendo recuerdos dentro del corazón de uno y el amor se vuelve loco porque no encuentra por ningún lado a la mujercita amorosa y tan amada.

Clara Aparicio, nos seguimos sacrificando en vano y por cosas que no son nuestras y que no tienen nada que ver con nosotros y con nuestra vida. Eso te digo a cada rato aquí, cuando me suelto hablando solo, y de pura desesperación, y cuando siento otra vez el frío de aquella soledad de la cual me creí separar por fin cuando te encontré; y después, cuando supe el calor de tu cariño. Entonces, como si los días no fueran de nosotros, como si nada tuviéramos, así me siento de desterrado y triste.

A veces pienso que el diablo es más benigno que los hombres, porque al menos sabemos que todo lo que puede ser bueno lo quita, pero los hombres, creyendo que están dando algo, aparentando estar dando algo, nos quitan lo mejor que tenemos. Eso pasa con los señores de la Euzkadi, creen que el pan y la leche que comemos vale más, mucho más caro, que la pobre tranquilidad que estamos necesitando, y sobre esto están exigiendo más cada día, como si uno les perteneciera por entero, como si uno fuera la masa con que amasan sus negocios.

Me dan ganas de decir muchas barbaridades en contra de ellos, por todo el mal que le han hecho a uno por la sacrosanta utilidad de la Industria, que todo lo que nos hace ganar es ir perdiendo el poco valor humano que nos quedaba y que habíamos defendido tanto.

Pero ésta ya es otra página, es la vuelta de la hoja y quiero olvidarme aunque sea un momento de ellos, de los malos recuerdos.

Ahora desearía estar contigo, junto al calorcito de tu corazón, que es el único remedio que me queda. Poder abrazar a Claudia, porque, aunque tú no creas, la quiero rete mucho, de un modo especial. Y también porque es la única que te hace como quiere. Así como tú haces conmigo, ella hace contigo toda su voluntad (el que la hace, la paga). A las dos mujercitas esas las amo mucho y quisiera para ellas un mundo. No éste, sino un mundo mejor, donde se pueda vivir en paz y sin miedo.

Pídele a Dios que se arreglen nuestras cosas, tú, que sabes hablar mejor con Él, y porque nunca nos haga falta nada y porque el lugarcito de la tierra que nos corresponde Él lo bendiga para nosotros con sus mejores bendiciones.

Ojalá todo esté bien allí contigo, y que todo siga bien bajo tus manos.

No te olvido. Mi cabeza sigue trabajando cada vez a mayor velocidad por encontrar una solución a esta vida de ahora. Hace mucho tiempo te dije que éste no era mi camino, este trabajo en que más trabaja el alma que el cuerpo. Y cada hora que pasa me doy mejor cuenta de que no lo es, no puede serlo. He estado por regresarme a cada momento; en cuanto tengo un rato para pensar, ése es mi pensamiento más fuerte. Y dentro de mí la voz más honda me dice: regrésate a tu casa, regrésate ahora, allí está tu lugar. Te has equivocado de rumbo y todavía es tiempo de enderezar el camino. Ellos creen que porque te tienen necesitado harán contigo lo que quieran.

Clara Aparicio, cada vez es más fuerte mi tendencia a abandonar este trabajo. Cada vez más y más, como algo que ya no puedo contener y que tendrá que pasar en cualquier momento. Y cuando me siento decidido veo algo así como una luz, como si estuviera viviendo ahora en la oscuridad. Solamente necesito tu apoyo. Una palabra tuya y me sentiré como abrazado a la misericordia.

Tu no querrás tener a tu lado un hombre lleno de odio y de tristeza, ¿verdad, amor mío? Necesito tu apoyo; un consejo de madre siempre se obedece cuando se ama tanto a esa madrecita mía que eres tú.

No sabes la confianza con que me enfrentaré a la vida estando tú conmigo, de parte mía, y las ganas con que lucharé.

Y eso sí lo necesito, necesito tu apoyo y que nuestra fe esté junta.

Y si pudieras imaginar los estados de ánimo en que estoy casi siempre, esa angustia que va creciendo dentro de mí y me hace muy desventurado, me ayudarías. Yo sé que me ayudarías. Porque no son los 900 pesos los que estoy desquitando, es el desaliento en que me hundo del que hay que defenderse. Ayúdame a librarme de ellos, mujercita mía. Ayúdame a encontrar el descanso. Ya no quiero seguir siendo esclavo un minuto más de un ambiente contrario a todos los calores del alma.

Dime que me ayudarás y te lo agradeceré como hasta ahora no he podido agradecerte tu amor.

Tú sabes cómo te he querido y te quiero y te seguiré queriendo, adorada muchachita mía.

Recibe muchos besos y dale una parte a Claudia de su papá que no las olvida.

Tu hijo

Juan

# LXXIV

*D. F. 22 de octubre de 1950*

Clara Aparicio, querida mujercita:

Te he extrañado mucho. Por tu carta me enteré de que llegaron bien. La estuve esperando todos los días, hasta que al fin llegó en el momento mejor porque ya me estaba poniendo triste.

Me da mucha pena que Chela se haya puesto enferma y la hayan tenido que operar; ojalá y mejore pronto y no se le vuelva a ocurrir enfermarse. Que a ti tampoco se te ocurra, adorada chachina.

Vuelvo a decirte que las he extrañado mucho. Tu casa no se ve bien sin ti y sin esa otra chachinita a la que tanto quiero. Se siente muy raro tanto silencio, y tanta soledad. Hace falta que griten y tiren cosas y desparramen por todas partes triques y flores. Hace falta también que alguien regañe aquí a alguien y vuelva a juntar las cosas que se tiran. Pero por otra parte me da gusto que estén bien y que el médico te haya atendido ya de tu otra travesura. Ya me mandarás decir lo que te dijo de la cobranza.

Aquí no ha pasado nada. Te he regado tus árboles y he procurado no tirar mucha basura para no tener que barrer todos los días. He lavado los trastes y también he tendido la cama todos los días. Pero no he escrito. Tal vez mañana empiece a escribir algo. De lo del ballet, dijo el músico Galindo que empezaría a escribir la música en noviembre y que calculaba terminarla en febrero.

Aquí sigue lloviendo como en agosto y los días se ponen cada vez más nublados. Dicen que el buen tiempo no vendrá sino hasta enero, es decir hasta que tú regreses. Eso dicen por allí.

No, no creas que voy a engordar; al contrario, me encontrarás más flaco y más lleno de canas y más calvo. Tal vez cuando vengas ya esté hasta sin dientes. Eso hacen los años con uno, los años y la ausencia de lo que uno ama y quiere como a ninguna otra cosa.

Te voy a mandar, nada más que me las entreguen, las fotos que saqué de la comadre y de la esposa y de la hija, allá cuando nos robamos los elotes. Y a propósito, ¿que se hicieron esos elotes? Hasta ahora me estoy acordando de que ni siquiera les di una probadita ni los vi por ningún lado.

Volviendo a lo de aquí, ya regresó tu "amiga" con toda su hilera de hijos. Y ahora se está peleando todo el día con el dueño porque dice que no le pagará la renta si no le pone teléfono en su departamento. Ése es el chisme.

Dale mucho las gracias a tu tío Gonzalo por lo de los cigarros y los jabones. Si está todavía por allí hazme favor de decirle que le mandé por correo a Chihuahua cuatro ceniceros y dos guías de caminos. Y salúdalo de mi parte.

Me gustaría que te cuidaras mucho y que no fueras a comer tamales con chile, como dices que te recetó el doctor Hermosillo.

Ahora que sí creo que lo de los calambres te daba por falta de alguna vitamina; pero no por eso te vayas a dedicar a comer carne. Por otra parte, sé que mi comadre Consuelo no te dejará comer todos esos ingredientes que dices que puedes comer.

Muchachita:

Dale muchos besos a esa cosa que se llama Claudia. No sé, pero me gustaría estarla viendo ahorita, no importa que estuviera arriba de mí y me jalara las narices. Dale un demonial de besos. Y tú también recibe otro demonial de besos que yo te mando. Y muchos abrazos y este gran amor que te tengo.

Salúdame a todos en tu casa. Y ojalá que ya Chela se haya aliviado y todos hayan vuelto a estar contentos. Y tú, mi querida Clara, acuérdate de que te queremos mucho todos los habitantes de este mundo. Tu Juan, más que nadie.

Juan

# LXXV

Querida mujercita:

A estas horas ya debes haber recibido los quintos. Estamos de acuerdo en que hace falta tener preparadas las cosas y los triques para tu nuevo hijo. No dejes de mandarme decir cuánto te va a cobrar el médico para ir haciendo gestiones del préstamo que le voy a pedir a la compañía.

No le he dicho a don Salvador que se va a esperar para eso de la renta, pero casi estoy seguro de que me va a echar la viga cuando se lo diga. De cualquier modo, es preferible que me eche diez vigas juntas a que tú estés con pendiente por falta de dinero.

Aquí las cosas siguen igual. En la fábrica se anuncia una huelga para este mes, porque los obreros andan muy alebrestados y quieren mayor sueldo y semana inglesa.

En tu casa todo sigue también igual. Tristes y solas todas las cosas.

Yo creo que a la Claudia ya se le ha de haber soltado la cuerda y con la confianza ha de andar haciendo muchas travesuras. Aquí te mando las fotos que le saqué, así como las de la comadre. Las tuyas todavía no me las entregan.

Para distraer un poco la vida estoy saliendo a pie los domingos, en las excursiones que hace el club de la fábrica. Hemos ido a algunos lugares sin chiste, pero al menos se hace ejercicio. Ya por eso estoy muy forzudo: peso 85 kilos y mido 1.80 de estatura; pronto seré campeón de levantamiento de pesas, pues puedo levantar 100 kilos con mucha facilidad.

Clara Aparicio, la tan querida Clara Aparicio, aquí Juan y yo nos acordamos mucho de ese par de mujeres. Dale muchos besos a Claudia y dile a ella que te dé otros a ti por mi cuenta.

No me canso de quererlas y de querer estar con ustedes. Tampoco me canso de repetirte que te cuides mucho y que no te enfermes de nada.

Me cuentan que allá se levantan las grandes polvaredas y que todo, hasta el café con leche, sabe a tierra de la que hay mucha en el aire de Guadalajara.

En días pasados vi a Efrén y a la Yeya y te mandan saludar. También las mandan saludar la señora del perro que le daba paletas a Claudia, y la portera.

Rosa de Phelan me dijo que las mandara saludar también. Le dije que le habías llamado por teléfono para despedirte, pero que no había estado. Ella estuvo de acuerdo en que no había estado.

Si de casualidad ves a la tía Lola, dale mis saludos. Parece que ahora vive en una casa de apartamentos.

Aquí yo me sigo portando más o menos bien.

Espero que no tengas por qué preocuparte y que descanses tantito ahora que tienes quien pueda ayudarte. Por otra parte, no dejes de contarme lo que te diga el médico.

Ojalá que ya Chela esté completamente restablecida.

Salúdame a todos en tu casa, de manera especial a los compadres y al matrimonio de ahijados Baigén.

Tú recibe el gran cariño que te tengo y muchos besos y todos los deseos buenos de tu

Juanucho

# LXXVI

*7 de Nov. de 1950*

Mujercita, querida mujercita:

Recibí tus dos cartas, por las cuales me enteré de que Claudia estuvo malita, pero que ya está de alivio. Quisiera que nunca se enfermaran ni ella ni tú, pero ya ves, abundan por todas partes las enfermedades y esas cosas. Ojalá ya no le vuelva a dar esa fiebre que dices que le dio y de la cual no supe bien a bien cómo se llamaba.

Yo por aquí estoy bien. No me ha dado ninguna pulmonía a pesar del frío que se ha soltado en estos días. He seguido saliendo los domingos a las excursiones de la fábrica. Lo único que hacemos es caminar por el cerro y sacar fotografías. De las fotos que faltaban para mandártelas, a los tipos se les extraviaron los negativos. Los están buscando, y en cuanto los encuentren te los mando.

También te voy a mandar tu librito de costuras en un sobre por separado.

Me escribió tu tío Gonzalo, dándome las gracias y el nuevo domicilio. Me dice que quiere que le mande el libro que tú le contaste que había escrito. Ya estoy contestando que en cuanto lo editen se lo mandaré. Eso ha quedado todavía pendiente, pues parece que este año ya no habrá dinero para hacer ediciones.

Del asunto de los artículos ya me encontré a un amigo que me va a amplificar las fotografías sin cobrarme sino el material. De otro modo saldría muy caro y yo ahora ando un poco bruja.

Me haces falta tú aquí para que me prestes dinero. Ahora no tengo a quién darle sablazos y a veces me hago mis cálculos y me digo: si estuviera aquí la chachina, ella me prestaría aunque fuera unos veinte pesos. Yo tengo la culpa por sacar fotografías. Espero que pronto se me pase la ventolera esa y vuelva a quedarme quieto.

Me haces falta, chachinita. Y Claudia también me hace falta. No creas que estoy a gusto ni tranquilo, sino todo lo contrario. En tu casa no hay nada que a uno lo distraiga. Ojalá que pronto esté aquí la Navidad para ir a verlas y traerme a toda la carpanta para acá.

Me encontré al Dr. Riva, y te mandó saludar y me dijo que te deseaba que salieras bien y que trajeras de vuelta a ésta a un niño nuevo.

Cuéntame si todavía sigue igual de loco Pedro de Alba, y le dices que también a mí me gustaría platicar con él ahora que vaya.

Me dices que por allá todo está muy caro. También aquí así están las cosas. Ya los huevos están a 60 centavos y dentro de poco se va a necesitar un cheque para comprar una docena de huevos.

Te manda saludar toda la gente de por aquí. La tía Rosa también.

Te sigo queriendo mucho y pidiéndole a Dios que te bendiga siempre y te proteja y las cuide a las dos, a esas dos mujeres a cual más de feas y traviesas a las que tanto extraño y desearía tanto ver y abrazar y darles muchos besos.

Espero que tanto tú como Claudia se cuiden mucho y no se vuelvan a enfermar de nada.

Salúdame a todos: a los compadres y a los hijos de los compadres y que todos estén bien de salud.

Recibe todo el gran cariño y el amor que te tengo. Dale muchos besos por mí a Claudia y tú recibe muchos más de tu Juanucho, que siempre se vive queriéndote mucho.

Juan

# LXXVII

*14 de Nov. de 1950*

Querida chachinita:

Me da mucho gusto saber que te encuentras bien y que Claudia ya se alivió de todo a todo. Yo aquí con un poco de tristeza todavía, pero sin ninguna enfermedad.

Le estoy pidiendo a Dios que te cuide mucho y que pronto amanezcas ya bien y salgas de tu apuro para irnos de excursión con los hijos tuyos y míos. Yo creo que así será y no dejes de cuidarte y ponerte pronto buena.

Ya te mandé el librito de hacer cosas para niños. Se fue en un sobre dirigido a tu papá junto con una guía de caminos.

Aquí la única novedad que hay es la de que ya nació el hijo del portero. Fue hombre. Pero no lo tiene aquí porque dice que se le enfría con la humedad que hay donde ellos viven. Me encargó te saludara. También la señora de al lado, la gordita de los perros, te manda saludos.

El otro día que fui con la portera a recoger la ropa me dijo que Aldegunda quiere volver contigo para cuando tú regreses. Y que ya se va a portar bien y no te va a hacer enojar. Eso dijo.

De lo que me mandas decir que te va a cobrar el médico ese, voy a tratar de conseguir el dinero para mandártelo lo más pronto posible. Nada más estoy esperando que Phelan se alivie porque ahora está enfermo y no ha venido a trabajar.

Por otra parte y por lo que me dices estamos de acuerdo en que ese señor Gutiérrez Hermosillo es un sinvergüenza, pero lo que cuenta en este caso es que te alivies bien y te atiendan bien y lo mejor que sea posible. Y que también tú le tengas confianza al médico. Me dice el Dr. Riva que aunque el segundo es siempre algo más grande que el primero, también cuesta un poco menos trabajo. Me recomienda que te salude y espera verte ya sin ningún cuidado por aquí.

Has de saber que ya tengo muchas ganas de verlas y ver a Claudia haciendo berrinches y planeando travesuras. Se han de ver bien Juanito y ella peleándose, según me platicas. Dale muchos abrazos de mi parte y dile que su papá se acuerda siempre y a cada rato de ella y las quiere mucho.

Según parece, siempre no va a haber huelga aquí en la fábrica como se esperaba para el día 17. En caso de que la hubiese habido yo tenía intenciones de ir a verlas aunque hubiera sido por un rato.

Sigue cuidándote mucho, querida madrecita.

Salúdame a todos en tu casa, especialmente a los compadres, así como a los esposos Baigén.

Tú recibe mi más grande cariño y muchos besos de quien en ningún momento te olvida y pide para que Dios te ampare siempre y te bendiga.

Tu Juanucho

P.D. Acabo en estos momentos de recibir tu segunda carta, en la que me dices que fuiste a ver al Dr. Vázquez Arroyo, y que quedaste conforme con que él te atendiera. Como te decía antes, escoge a aquel al que le tengas más confianza y sea mejor para ti. Pedro de Alba te puede indicar qué doctor es bueno y serio. Si tienes oportunidad de verlo salúdalo y dile que yo quisiera que te recomendara a un buen doctor. También dile que yo espero te ayude él mismo a conseguir al que mejor te atienda.

De cualquier modo, procuraré pedir un poco más de la cantidad que mencionas, por si hay que hacer algún gasto más.

No se te pase hablarle a Pedro de Alba de mi parte.

Recibe otra vez más amor del que te tengo y un abrazo muy, pero muy apretado de quien quisiera estar contigo y decirte lo que te quiere.

Juan

# LXXVIII

Querida mujercita:

No sabes el gusto que me dio recibir tu carta con noticias tuyas, pues ya estaba con pendiente no sabiendo nada de ti. Espero que, como me dices, ya todos estén bien y con buena salud.

Me cuentas que la Claudia está muy inaguantable. No sabes cuántas ganas tengo de verla y verlas a las dos juntas y estar cerca de ustedes. Ojalá pronto llegue la Navidad para ir allá y traérmelas para su casa de aquí.

Hoy te estoy enviando los centavos. Te mando un poquito más por si tuvieras algún gasto imprevisto, que a veces resulta siempre. Quisiera haberte enviado más, pero eso fue todo lo que pude conseguir. Por otra parte, el día último me toca otra vez pagar la renta y yo creo que no será hasta el día 15 que te pueda volver a enviar más lana. Espero que eso te ajuste para pagar los gastos; de otro modo y si no fuera suficiente mándame decir para ver cómo le hago por aquí.

Espero hayas seguido yendo a ver al médico y que todo vaya bien y tu hijo esté ya bien acomodado para abrir la puerta y darse una asomadita por este mundo. No dejes de cuidarte. No te pongas a jugar carreras ni nada por el estilo. Por lo demás, y según me cuentas, ya son unos pocos días los que faltan, así que un poquito más de paciencia y todo quedará arreglado.

Aquí no hay ninguna novedad. Tu marido sigue igual de flojo que como tú lo conociste. Posiblemente la semana que viene lleve el artículo del Castillo de Teayo a algún periódico; va ilustrado con 20 fotografías, de las cuales calculo publicarán unas 10. De cualquier modo la cosa es que lo acepten y me lo paguen. Si no me lo pagan bien no les doy ninguno más. Así estoy ahora, en ese plan muy mercantilista.

Lo otro que hay de nuevo es el frío. ¡Ah, chachina!, si estuvieras aquí verías como nunca soplando la grulla. Con decirte que hasta cuando uno habla se le congela la voz del frío que hace. Espero que allá haga calorcito.

Tu casa, la pura verdad, está hecha un desorden. Primero barría y sacudía, pero luego me enfadé y me llegó la flojera. Ahora no la reconocerías: por todas partes un reguero de cosas, de papeles. Sobre la mesa del comedor están las sábanas y bueno, en todas partes donde se puede encimar alguna cosa hay algo encima que para qué te cuento.

Ya me van a quitar el coche, porque dicen que está muy viejo y que es una vergüenza que yo, Juan Rulfo, ande en él. Parece que me van a dar uno nuevo, modelo 1950. Acá entre nosotros te digo que yo le he tomado cariño a ese coche viejito y todo pero que, como tú sabes, siempre se ha portado bien con nosotros.

Tודititos en ésta te mandan saludar. No se te olvide darle muchos besos a la Claudia, dejando otros para ti, los más.

Salúdame a los compadres y a las cuñadas y a los cuñados y al concuño.

Tú recibe todo el cariño del mundo y un abrazo muy lleno de amor de quien te quiere más que nunca.

Juan

P.D. Que Dios te bendiga mucho.

# LXXIX

*México, D. F. 4 de diciembre de 1950*

Querida madrecita:

Quizá cuando recibas esta carta ya haya nacido tu hijo, o tal vez falte poquito; de cualquier modo, yo sigo pidiéndole a Dios que todo salga bien y que pronto te pongas otra vez buena para que te pongas a corretear detrás de tus hijitos, que como tú sabes todos han de ser traviesos, igual a su madre.

Aquí no han sucedido cosas peores ni mejores; todo sigue igual, las telarañas llenando tu casa y el polvo cubriéndolo todo. Hasta yo tengo ya los cabellos blancos de tanto polvo como aquí hay.

Me da gusto saber que la Claudia está inaguantable y que te hace pasar tus berrinches. Se ha de ver rete chula tu hija haciéndote renegar. Yo tengo tantas ganas de verlas que no me importa que me haga enojar ni nada de eso. Quisiera verlas todos los días y a cualquier hora. No te imaginas cómo a veces me llega la melancolía por puños, y quisiera dejar todo e irme allá con ustedes, y poder verlas y no tener por qué sentirme triste ni nada de eso.

A Pedro de Alba le mandé que fuera a verte y ya me has dicho que fue. Ojalá te pueda ayudar en algo. Aquí estuvo el

Dr. Gabriel García Rulfo en la compañía. Me dijo que el Dr. Trinidad Vázquez Arroyo era buen médico y que estaba bien que lo hayas escogido a él para que te atendiera.

Yo quisiera ayudarte en algo. Tú sabes cómo quisiera hacer algo por ti, aunque lo que más deseo es estar allí, contigo, y decirte cómo eres adorable y querida para este otro hijo tuyo que has dejado aquí cuidando las gallinas en esta casa tan sola y tan fría.

Ojalá pronto llegue la Navidad. Ya para entonces tú tendrás a toda tu familia junta. Yo creo que podré salir de aquí el día 23 para estar allá temprano el día 24, y poder ir a darnos una vueltecita por el mar de San Blas.

Ya quité todos los escombros de la otra recámara, para acomodar la camita de Claudia. Acomodé los libros a un ladito del comedor, allí donde no estorben. Se ven bien después de todo. El radio no lo he mandado componer, y todavía se oye muy mal; a ver si con el tiempo se compone o se acaba de descomponer.

No creas que no te extraño, Clara Aparicio. No, no creas; cada vez te extraño más y ya no me hallo a estar solo.

En estos días voy a mandar hacer un retrato grande tuyo, del tamaño de la pared, para que se llene aunque sea con eso la casa. De a deveras, ya lo mandé hacer. Ya fui por tu chalequito, no está feo. Pero como quedamos, te lo llevaré para la Navidad. No me acuerdo muy bien si me dijiste que lo querías con todo y blusa. Ésa no la compré, porque soy medio rabón para comprar blusas que te gusten.

Me dices que perdiste el teléfono de la compañía. Es el 16-58-30, y el de la casa es el 28-70-12; los dos son Ericsson. Pero creo que también un telegrama llegaría bien; estoy desde hace días esperando el aviso.

Ponte tu abrigo para que él no tenga frío. Aquí también está haciendo un frío endemoniado, como en ningún otro año. Todos andamos con catarro. Yo estuve tres días con una gripa de esas buenas; pero como se me atravesaron el sábado y el domingo sólo falté al trabajo el viernes. Ahora ya estoy otra vez en la oficina, bien curado.

La Yeya te manda muchos saludos. Me ha estado llamando por teléfono para tener noticias tuyas. Espera que ya vengas pronto, pues tiene ganas de platicar contigo.

No se te olvide que aquí tienes a un muchacho que te quiere mucho, enormemente, y que quisiera estar en tus brazos un buen rato. Dale muchos besos de los que tú sabes dar a Claudia y pídele que te dé otros muchos a ti por mí. Yo desde aquí te mando todo el cariño que te tengo.

Cuídate mucho y pórtate bien con tu mamá para que no la enfades. Salúdame a todos y ojalá que ya tu papá esté aliviado.

Esperando recibir pronto noticias tuyas, y deseando verte ya de vuelta a la normalidad también pronto, te deseo toda clase de felicidades y te envío muchos besos y un gran abrazo, muy fuerte, de quien te adora siempre y te quiere más que nunca.

Juan

P. D. Que Dios te siga bendiciendo.

# LXXX

*México a 11 de diciembre de 1950*

Querida chachinita:

Recibí tu carta con muchas ganas de saber de ti y de ustedes. Me cuentas que aún no, que todavía no, nada. Y eso quiere decir que perdimos la cuenta. ¿Te acuerdas del Kalévala, aquel cuento que leímos de una mujer que engendró un hijo y que estuvo años y luego siete siglos sin dejarlo salir? No te vaya a suceder a ti lo mismo, Clara Aparicio, Clara, la muy preciosa y querida Clara.

El chile piquín de tu hija me dices que cada día es más inaguantable. Y que ya sabe decir muchas cosas y hacer otras muchas travesuras. No te imaginas cuántas ganas tengo de verla y de verte a ti con ella y poder darles muchos abrazos. No te imaginas cuánto cariño les tengo a ustedes, par de mujeres mías.

Estos últimos domingos no he salido de excursión a ninguna parte. Me he dedicado a dormir mucho. Desde quién sabe qué horas a quién sabe qué horas. Pero entre semana me he levantado temprano, como a eso de las siete (?). Los días siguen llenos de sol; pero el frío, tanto por las noches como en las mañanas, aprieta feo. Ya no me ajustan las cobijas, esa docena de cobijas que tenemos, para cobijarme bien a bien.

Tú has de estar rete a gusto con el calorcito que hace allí en Guadalajara.

Y a propósito de cobijas, el chalequito ese tuyo no es de pana sino de ante. Pero la cosa es que no me quisieron vender el del aparador, que era uno colorado, pues de ese color sólo tenían ése. Adentro tenían verdes y azules y solferinos, todos un tanto oscuritos. No supieron decirme para cuándo tendrían uno colorado. Entonces compré el solferino con la condición de ir después, y en caso de que hubiera del color que te gustó me lo cambiarían. Ahora iré por tu blusa. Quiero pedirte autorización para pagar un abono a Salinas y Rocha de $ 50.00, el día 15, porque todavía es hora de que no les he pagado nada. Hazme favor.

El gas no se me ha acabado, ni los cerillos, pues casi siempre me tomo un café con leche en la calle. Me aburrí de fregar y fregar las ollas donde hervía la leche. Y a veces se me echaba a perder y tenía que tirarla. Ahí tienes que junté un montón de natas. Mira lo que hacía: cada que echaba la nata nueva sobre la vieja la rociaba con sal, y así se llenó un platazo de natas todas en buen estado. Pero un día se me ocurrió calentarlas porque estaban ya muy duras y las puse a calentar en una cacerola; bueno, pues el resultado fue que se frieron y quedaron como chongos quemados. Entonces los tiré. Ésos son mis experimentos.

Las cosas de aquí de esta casa te siguen extrañando mucho. Se ven todas frías, sin vida, desde que tú no estás. Los juguetitos de la Claudia: la vaca y los perros y el burrito y la muñeca, tienen ya todos la mirada empañada y los ojos caídos de pura tristeza. Les hace falta quien los aporree y les dé contra el suelo.

Me gustaría que no te fueras a enfermar de nada y que estuvieras muy llena de contento y de salud, así que cuídate mucho. Yo aquí estoy bien, pues ya la gripa se me fue y ahora estoy fuerte y garrudo (eso sí, no me quito el sweater y el saco y el abrigo) y bien gordo que estoy también, igual que cuando tenía tres años y me cortaban pedazos de cachete para hacer albóndigas.

No se te olvide ponerme un telegrama cuando nazca tu criaturita. Y como te decía en las 100 cartas que ya te llevo escritas: Dios estará contigo para ayudarte.

Madrecita: como tú sabes bien, yo te he seguido hasta donde tú estás con mis pensamientos, con mis más buenos pensamientos. No se te olvide que no te olvido en ningún momento.

Todos aquí te mandan saludar y te desean todos los bienes.

Salúdame a los compadres y a los ahijados y a la bola de cuñados, deseando que todos estén bien.

Tú recibe muchos abrazos de tu Juanucho y todo el cariño de tu hijo. Dale de besos a Claudia y no te enojes conmigo por quererte tanto como te quiere

Juan

Juan Francisco, *ca*. 1951

Fotografía de Juan Rulfo.

# LXXXI

Madre, madrecita chula:

He sabido ya lo que hiciste, la enorme travesura que hiciste. Has traído un hijo nuevo al mundo. Alguien que te cuidará cuando ya no puedas con la vida. Me cuentan que nació muy grande, y yo me imagino cómo te has de ver hermosa junto a él, abrazada a él, fuertemente, como si estuvieras abrazando con todas tus fuerzas tu esperanza.

Me dio mucho gusto saber que habías salido bien de tus apuros y que estabas bien y, creo, muy feliz. Me dio gusto, chachinita mía, que estuvieras bien —tenía mucho pendiente—; pero ahora me he llenado de gusto por ti y por él, porque Dios te ayudó y te tuvo en sus manos por algunos momentos para que las cosas caminaran por el buen camino. Ahora sé que Él te protegerá siempre, porque eres la hija preferida de Él y la muy amada y querida Clara. ¿Ya ves lo que resulta por andar comiendo cacahuates? Yo te decía que no anduvieras con los cacahuates y mira, ahora tienes ahí el resultado.

Me da no sé qué no conocer todavía a mi hijo. Hasta ahorita es como si sólo fuera un cuento que me contaron para hacerme dormir tanquilo. Pero tú, pequeñita y todo, tienes tu criatura y él tiene una hermanita tan traviesa como su madre y tiene papá y la mamá más hermosa que haya tenido hijo alguno de mujer en esta tierra.

Ahora sé por qué te fuiste a Guadalajara para que naciera. Querías que fuera de Jalisco, tequilero, para que de grande salga muy macho y muy borracho. Ahora lo sé.

Sin embargo, no me he cansado de darle gracias a Dios porque te sacó con bien y porque toda tú estás enterita y quizá mucho más nueva que hace nueve años, que fue cuando te vi por primera vez.

Mira, amor, ¿qué te podría decir yo? Esta carta debería ir sin palabras. Sólo llena de besos y del gran cariño que te tengo. Molerte a besos en el gran molino de mi corazón, que tú has hecho tuyo, y poner mi alma desdoblada como una sábana para que tú envuelvas en ella a toda tu familia.

Fíjate, ahora ya somos cuatro y antes era yo solo y muy metido enmedio de la noche. Tú has traído gente a esta casa. Primero tú y luego esas visitas de tu hija y tu hijo, y has hecho que te quieran y así has aumentado el amor a tu alrededor de todos los que ya antes te queríamos.

Clara Aparicio, amorcito de Dios, iré a verte pronto; ése es mi consuelo. Pues no dejo de extrañarte ni un momento, ni dejo de quererte ni un momento.

Claudia, tu otra travesura, ha de seguir igual de insoportable y, quién sabe, se va a volver loca al ver a su hermano, y va a querer meterle la mano en sus ojos y hacer diablura y media. Eso me imagino.

Ya te envié tus centavos. No dejaré de salir de aquí en cuanto me suelten, pues todos mis pensamientos son los de estar ya allá con ustedes y poderlos ver.

Rosa Phelan y la Yeya y todos los que aquí conoces te mandan muchos saludos y muchas felicitaciones.

Salúdame a los compadres, dándoles mis agradecimientos por todo. Asimismo al matrimonio Baigén y a los cuñados.

Tú recibe un abrazo infinito de tu Juanucho y muchos, pero muchos besos de este muchacho para ti y para nuestros hijos.

Te adora con toda el alma

Juan

Juan y Clara. Ciudad de México, 1948.

314 J U A N   R U L F O

# Notas

Las notas siguientes no quieren agotar toda la información posible
en torno a la correspondencia, pues entonces se volverían interminables;
únicamente asientan algunos datos significativos en torno
a los documentos, a la familia del escritor y al contexto de la época.

CARTA I    Esta carta mecanográfica y la II tienen una presentación sumamente esmerada, fruto de la enorme capacidad en Rulfo para revisar reiteradamente sus textos. El tipo de letra es semejante al de los mecanuscritos de *El Llano en llamas* y *Pedro Páramo*.

CARTA III    El tío es David Pérez Rulfo, quien apoyó a Juan cuando éste se instaló en la capital del país. David, hermano de Juan Nepomuceno Pérez Rulfo, padre del escritor, fue una figura política importante en los sexenios de Manuel Ávila Camacho y Miguel Alemán.

El sábado en que salió Rulfo a México fue el 6 de enero de 1945.

Lomas de Chapultepec sigue siendo una de las zonas residenciales más elegantes de la ciudad de México; allí vivía entonces la tía Julia Pérez Rulfo, hermana de Juan Nepomuceno.

La calle Kunhardt, de Guadalajara, aparece evocada por Clara Aparicio en la película *Del olvido al no me acuerdo*, de Juan Carlos Rulfo. Ya fue demolido el lado de la calle donde se encontraba el número 55.

A partir de "a escondidas", la carta está escrita a lápiz.

CARTA IV    María Vizcaíno, madre de Juan Rulfo, fue sepultada el 27 de noviembre de 1927.

CARTA V    La breve carta no está fechada. Se envió en el formato de tarjeta carta, muy usual entonces. Salió de la ciudad de México aparentemente el 10 de enero de 1945 (el día en el sello es de difícil lectura). Se recibió en la oficina de correos de Guadalajara el 15 de enero de 1945. No tiene remitente ni dirección del mismo. El destinatario es "Sta. Clara Aparicio / Kunhardt 55 / Guadalajara, Jal". El texto aparece atravesado en el centro, de abajo hacia arriba, por una firma vertical, que vale a la vez como rúbrica y como indicación del remitente: Juan Rulfo.

"I am hurry...": Rulfo calca deliberadamente la sintaxis del español en su breve texto en inglés; es como si esta lengua le sirviera aquí para enfatizar el carácter de comentario al margen de la referencia a la tinta.

CARTA VI    La expresión "Yo solo quiero ser [...]" aparece correctamente sin acento en "solo", porque, como adjetivo y no como adverbio, determina a "Yo" y no a la oración completa.

La carta está escrita con lápiz rojo.

CARTA VII    Consuelo Reyes de Aparicio, madre de Clara, cumple años el 10 de agosto; Clara Aparicio, el 12 de agosto.

Esa "ciudad sin agua" es Guadalajara, a la cual Rulfo había regresado después de su breve estancia en la ciudad de México a principios de 1945.

CARTA IX    María Izquierdo es una conocida pintora mexicana que nació en San Juan de los Lagos, Jalisco, en 1902 y murió en la ciudad de México en 1955. En su juventud recibió la influencia de Rufino Tamayo y tuvo el apoyo de Diego Rivera. Presentó exposiciones en México, Nueva York, América del Sur, Tokio, París y Bombay, entre otros lugares.

Isabela Corona es una actriz, también paisana de Rulfo (nació en Guadalajara, Jalisco), que participó en el Teatro Ulises, proyecto vanguardista que patrocinaba Antonieta Rivas Mercado. Tuvo asimismo una amplia trayectoria en teatro comercial, cine y televisión. Durante los años de las cartas a Clara, Isabela Corona era una presencia muy activa en las carteleras teatrales.

Rosaura Revueltas, nacida en 1920, es una polifacética actriz que hizo desde teatro de revista hasta teatro de vanguardia, así como cine. Trabajó en Alemania con la compañía de Bertolt Brecht e hizo la película *La sal de la tierra*, célebre por su visión crítica de los Estados Unidos. Hermana del músico Silvestre Revueltas (1899-1940), del escritor José

Revueltas (1914-1976) y del muralista Fermín Revueltas (1903-1935). En 1979 publicó *Los Revueltas. Biografía de una familia.*

Enrique González Martínez (1871-1952), médico, poeta nacido en Guadalajara, tiene como poema emblemático "El búho", publicado en *La muerte del cisne* (1915); este soneto postula una nueva perspectiva del quehacer poético, distante del Modernismo puramente ornamental.

José Gorostiza (1901-1973), poeta depuradísimo, afín a Rulfo por la conciencia del valor de una obra breve pero perfecta, editó —como el narrador— dos libros canónicos: *Canciones para cantar en las barcas* (1925) y *Muerte sin fin* (1939). En este último —uno de los tres o cuatro poemas de largo aliento más importantes de la poesía mexicana— se tematiza, entre otros asuntos, la muerte del hombre como consecuencia de la muerte de la poesía.

González Martínez y Gorostiza aparecieron en la no menos célebre antología intercontinental *Laurel. Antología de la poesía moderna en lengua española*, que en 1941 presentó una selección de poemas escritos a ambos lados del Atlántico. El prologuista, Xavier Villaurrutia, se detiene en el soneto de González Martínez y hace de él un breve examen, tan programático como el propio poema. Las significativas y soterradas polémicas en torno al volumen pueden detectarse en las siguientes líneas, incluidas al final de las notas bibliográficas: "(Los autores de esta Antología [Villaurrutia, Octavio Paz, Emilio Prados y Juan Gil Albert] incluyeron en ella a los poetas Pablo Neruda y León Felipe. Cuando estaba en prensa este libro, esos señores solicitaron de nuestra Editorial no aparecer en él. Lamentándolo, cumplimos su deseo)." Del comentario de Rulfo puede constatarse que *Laurel* señalaba el canon de la poesía en lengua española aún cinco años después de su aparición.

*La escalera de caracol* ("*The Spiral Staircase*") es una taquillera película de horror de la época, con Dorothy McGuire, George Brent y Ethel Barrymore en el reparto; el director fue Robert Siodmak. La palabra "caracol" pudo haber inspirado a Rulfo la lúdica forma gráfica de la carta.

CARTA X   Tarjeta carta, como la Carta V.

"Por falta de gasolina." A fines de 1946 existía un conflicto intergremial entre las secciones 34 y 35 del Sindicato de Trabajadores Petroleros de la República Mexicana. Hubo un intento de paro general. El gobierno restableció el orden por medio del ejército.

En esta fecha, 4 de febrero, se inicia el período de más nutrida correspondencia, fruto de la instalación definitiva del escritor en la capital de la República a partir del 3 de febrero de 1947.

CARTA XI   "Mayecita" aparece muchas veces en diminutivo porque equivale a una pronunciación familiar de "madrecita".

En Bahía de Santa Bárbara 84 había una casa de huéspedes.

Gloria y Chelo-Chela son hermanas de Clara Aparicio.

CARTA XII   Los prefijos "re" y "rete" son variantes sumamente comunes y populares del adverbio "muy"; en las cartas aparecen casi siempre en pasajes lúdicos. Rulfo gustaba seguramente de estas formas como reminiscencias del dialecto de su región y de su infancia.

El "Acuérdate" sin preposición es también coloquial; los narradores rulfianos recuerdan el "de" cuando comienzan con él la oración: "De eso me acuerdo" ("La Cuesta de las Comadres"). Esta breve oración es el último párrafo del cuento; el penúltimo comienza con "Me acuerdo que [...]". Como la memoria es esencial en el mundo del escritor, el "Acuérdate" y el "Me acuerdo" sin preposición dan a dicha memoria un carácter familiar e íntimo. En el español oral de México es raro que el verbo "acordarse" tenga régimen preposicional; así aparece, empero, al inicio de la carta XXXI, del 4 de agosto de 1947. "La Cuesta de las Comadres" se publicó en el número 55 de *América* el 29 de febrero de 1948 (pp. 31-39). El texto precedente es "Acto de fe", poema de Efrén Hernández; él mismo parece haber escrito una nota a pie de página al inicio de "La Cuesta de las Comadres", con las conocidas palabras de presentación: "Causa, a un tiempo, de mi más persistente desconcierto y mi mayor confianza, es la manera de rigor, la rigurosísima y tremenda aspiración, el ansia de superación artística de este nato escritor" (p. 31).

La tía Teresa era esposa de David Pérez Rulfo.

El tío Raúl era Raúl Phelan Rulfo, esposo de Rosa y hermano de Edmundo.

CARTA XIII    El primer domingo de marzo fue el día dos.

Edmundo Phelan Rulfo, tío del escritor, fue gerente de Goodrich Euzkadi.

"Chamagoso" es un coloquialismo que significa "sucio", "desaseado".

CARTA XIV    El primer miércoles de marzo de 1947 fue el día cinco.

El restaurante Concordia no es el antiguo café de la Concordia que aparece en los versos de Manuel Gutiérrez Nájera y de sus contemporáneos, así como en coplas del cambio de siglo XIX-XX. El restaurante que menciona Rulfo se ubicaba en el centro de la capital

La Facultad de Filosofía y Letras de la Universidad Nacional Autónoma de México se encontraba entonces en el edificio de Mascarones, en San Cosme. De allí se mudó a sus edificios actuales en la Ciudad Universitaria a principios de los años cincuenta.

Miguel Alemán Valdés (1900-1983) fue Presidente de la República entre 1946 y 1952. Practicó la política del buen vecino con los Estados Unidos, donde fue conocido como Mr. Amigo. Una de sus primeras acciones como Presidente fue viajar a los Estados Unidos y visitar la escuela militar de West-Point.

Harry S. Truman (1888-1972) fue Presidente de los Estados Unidos entre 1945 y 1952.

CARTA XV    La fecha no incluye el mes. En 1947 hubo tres jueves 13: en marzo, en octubre y en noviembre. Por la referencia a las vacaciones, puede presumirse que la carta se escribió en el primero de los tres.

Después de "y" y antes de "de tu muchacho", el autor colocó puntos suspensivos que se prolongaron por todo el margen de la hoja. Cada punto equivalía a un beso.

CARTA XVI    En esta carta comienza una práctica que se prolongará en toda la correspondencia: pequeños recados al margen inferior del último folio, como muestra de un intercambio verbal paralelo al principal, como un diálogo al calce.

CARTA XVII    "Salir de ésa": Guadalajara.
"Nicho de Aranzazú": Aranzazú es un templo en Guadalajara.

CARTA XVIII    "Cuarraco" significa cojo. Recuérdese a Dorotea *la Cuarraca*, de *Pedro Páramo*.
"Flor de toloache" es una mítica yerba de encantamiento en amores.
Rulfo vio por primera vez a Clara en el café Nápoles, de Guadalajara, hoy desaparecido; se ubicaba a un costado del cine Variedades.
El pozole es uno de los platos típicos de esa región del país.
Cada cruz representa un beso.

CARTA XX    En un avión norteamericano y en olor de multitud, Miguel Alemán regresó de su visita a Estados Unidos el 7 de mayo de 1947. La cobertura de los medios —que lo consideran un gran estadista a sólo 200 días de haber asumido el poder— podría servir para fechar el nacimiento del presidencialismo mexicano como un abrumador fenómeno mediático. La apoteosis en torno al feliz aterrizaje del político veracruzano en suelo patrio impidió a los periódicos tomar nota de los otros dos temas que menciona Rulfo: la campaña contra el analfabetismo y la feria del libro.

CARTA XXII    El "Zancas" es un amigo de Rulfo de aquella época, lo mismo que Juan Otero.
"Fábrica de papel que está cerca de Tapalpa": Tapalpa es un pueblo del estado de Jalisco.
Como saben los especialistas, "Una estrella junto a la luna" es uno de los primeros títulos provisionales de *Pedro Páramo*. El fragmento se publicó en el número 1 de *Las Letras Patrias* (enero-marzo de 1954, pp. 104-108), con el título de "Un cuento". Bajo tal carácter y bajo el mismo nombre fue seleccionado para publicarse en el *Anuario del cuento mexicano 1954*, que el Instituto Nacional de Bellas Artes publicó en diciembre de

1955, con prólogo de Andrés Henestrosa. El texto de Rulfo aparece entre las páginas 441 y 446. En el mismo volumen aparecen "Chac Mool", de Carlos Fuentes, y "Adán y Eva (Noticia de un poema)", de Jaime Sabines, entre otros.

La Ribera de San Cosme se ubica en una zona muy populosa al noroeste de la Ciudad de México.

CARTA XXIV    Porfirio Díaz (1830-1915) fue Presidente de México de 1876-77 a 1880 y de 1884 a 1910. Contra su dictadura se levantaron los más diversos sectores sociales en 1910, lo que dio inicio a la Revolución Mexicana. La vigencia del modelo porfirista, que Rulfo detecta aquí en las relaciones laborales, tuvo un reflujo nostálgico durante los años cuarenta, cuando la figura de Díaz experimentó una profunda revaloración a través del cine destinado a la población mayoritaria. Entonces, por ejemplo, se estrenó la película *Porfirio Díaz*, con José Luis Jiménez y David Silva, claramente laudatoria: la publicidad del filme llamaba al ex dictador "el héroe del 2 de abril", como se lo llamó en vida en referencia a su definitiva victoria contra los invasores europeos ese día de 1867.

El "ballet de Katherine Dunham" se presentó en el Teatro Lírico. En *Historia gráfica de la Revolución Mexicana* (Casasola 3043) puede verse una imagen de la bailarina, con vestido largo, pero en una posición provocativa para la época.

CARTA XXV    Filomeno Mata y Av. Madero forman una de las esquinas más céntricas de la capital del país.

"Triques" es sinónimo de "tiliches" (cosas, por lo común personales y de poco valor económico).

"Tan muchos" y "bien muchos" son expresiones populares de la zona centro-occidente del país.

Don Agustín Aparicio es el padre de Clara Aparicio.

CARTA XXVI    "Mi hermano el grande [...] comprarme el ranchito": se trata de Severiano Pérez Rulfo.

CARTA XXVII    Tu abuelita "a tu casamiento": Juanita Vázquez de Reyes —madre de Consuelo Reyes Vázquez (madre a su vez de Clara)— vivía en la ciudad de Chihuahua, Chihuahua.

CARTA XXVIII    En esta carta, por jugar, Rulfo numera así las páginas: el tercer folio lleva el número 37; el cuarto, el 40, y el quinto, el 1,010. Ocurre algo semejante en otras cartas.

CARTA XXIX    La película *Larga es la noche* (*Odd Man Out*) estuvo en la cartelera del Olimpia muchas semanas por aquellos días de julio de 1947; la protagonizaron James Mason y Robert Newton, bajo la dirección de Carol Red.
   *¡Qué bello es vivir!* (*It's a Wonderful Life*), de Frank Capra, tuvo como protagonistas a James Stewart y Donna Reed.
   "Chilpayatilla". "Chilpallate" o "chilpayate" es una palabra de origen náhuatl, muy popular, para referirse a hijo pequeño.
   En esta carta, el cuarto folio lleva el número 4,000.
   "Sin embargo, iré a algún otro lado a retratarlo otra vez y te diré el resultado"; "retratarlo": al propio Rulfo. La tercera persona equivale a un desdoblamiento lúdico, como los que se mencionan en el prólogo.

CARTA XXX    La presa de Necaxa se encuentra en el estado de Puebla, cerca de la población de Huauchinango. Durante decenios fue la única fuente de energía eléctrica para la capital. Los apagones en ésta eran tan constantes que los cines y los centros nocturnos tenían que especificar en sus anuncios que no habría "interrupciones de luz" porque el edificio contaba con planta propia. En ese caso estaban el teatro Lírico, que en julio de 1947 presentaba a Agustín Lara, y el Follies, que anunciaba al cómico Tin Tan.
   Ojos "papujados y todo": "papujado" o "papujo" significa, según el *Diccionario de mejicanismos* de Santamaría, "pálido y anémico [...] de tez macilenta y ánimo decaído."

CARTA XXXI    La película *Siempre te he querido* (*I've Always Loved You*), de Frank Borzage, fue también éxito de cartelera. La protagonizaron Catherine McLeod y Philip Dorn; Artur Rubinstein ejecutó la música.

CARTA XXXII  Recuérdese que Clara Aparicio cumple años el 12 de agosto (carta VII).

CARTA XXXIII  La guerra cristera, en muchos aspectos una contrarrevolución, ocurrió en el centro del país (Guanajuato, Jalisco, Michoacán, sobre todo) entre 1926 y 1929 y enfrentó al gobierno federal y a grupos que se inconformaron con la rigurosísima aplicación de la ley vigente, según la cual quedaba prohibido el culto público. En el cuento "La noche que lo dejaron solo", Rulfo sintetiza con brillantez la tensión extrema que vivió el centro del país durante esos años. Esa guerra fue también determinante en la infancia del escritor, quien la experimentó muy de cerca.

Narvarte, hoy una colonia de clase media un poco al sur del centro de la ciudad de México, fue por muchos años una vasta hacienda.

CARTA XXXIV  "Es que somos muy pobres" se publicó en el número 54 de *América*, el 30 de agosto de 1947 (pp. 24-29).

CARTA XXXVIII  "[…] no me ajusta el tiempo": este uso de "ajustar" pertenece al dialecto de esa zona del pais.

CARTA XXXIX  La "carta de Chévero mi hermano": Severiano Pérez Rulfo.
CARTA XLI  El rancho se encontraba en Coatlancillo, cerca de Tonaya, Jalisco.

"Gloris", aficionada a la fotografía, es Gloria Aparicio Reyes.

CARTA XLIV  El pleonasmo "gentío de gente" es común como ironía contra el estilo rebuscado, que incurre en la ultracorrección repetitiva.

CARTA XLVI  "400 pesos": en aquella época, un refrigerador importado costaba alrededor de mil pesos.

"Tepalcates" es sinónimo de dinero.

Aurora se "va a casar en marzo": se trata de una de las hermanas de la esposa de Francisco Pérez Rulfo, hermano del escritor. Aurora se casó con el "Raffles" Orozco, amigo de Rulfo y famoso futbolista (véase la carta XLIX).

CARTA XLVII   "Puede que sí pueda": en "Nos han dado la tierra" aparece un ejemplo de la misma expresión, que es un recurso para relativizar un juicio ("puede que"): "—Puede que llueva. /—Puede que sí." Ese relativismo refleja capas profundas de la mentalidad de los mexicanos, quienes oscilamos entre el fatalismo y la atenuación de éste. Rulfo supo captar magistralmente en dicho cuento ese juego de oscilaciones entre la esperanza y la desesperanza del individuo frente a las fuerzas de la política y de la naturaleza.

El "suave", tan común del idiolecto del Rulfo privado (no aparece en sus textos) era un giro muy común en la época; aparece en boca de personajes del cine popular, como expresión de gusto y de acuerdo.

CARTA XLVIII   "Cristobal Cortés": Fundir las figuras del descubridor y del conquistador por antonomasia es un evidente juego, no ajeno al medio popular.

CARTA XLIX   "Re loco" y "rete loco" son también usos muy comunes en el dialecto urbano de la época.

"[…] la esa cosa […]" es un deíctico muy coloquial y habitual.

Los chivos muertos: durante todo 1947, uno de los temas recurrentes en los periódicos fue el peligro de la fiebre aftosa, que obligó al gobierno a ordenar el sacrificio de miles de cabezas de ganado mayor y menor.

CARTA LI   "Sweater": como puede constatarse en los periódicos de la época, algunas palabras de origen inglés aún no adquirían la ortografía del español: se escribía "sweater", "goal", "standard", y no "suéter", "gol", "estándar".

CARTA LII   "Chácharas" es sinónimo de cosas, "triques", "tiliches".

CARTA LIII   El pronombre pospuesto en "de ofrecérsete algo" corresponde a una forma fija muy común en el dialecto de la época.

"[…] margallate […]" significa caos, relajo.

**CARTA LIV**   Luis Procuna es un torero mexicano, muy famoso en esos años. "[...] tantito [...]": recuérdese el "tantito así de retirado" de "Es que somos muy pobres".

Las colonias Santa Julia y Tlaxpana son aún ahora dos de las más bravas de la capital del país.

**CARTA LV**   "[...] ya tenemos dónde cocer los boboles [...]": "boboles" debe ser una forma idiolectal o familiar de "frijoles".

**CARTA LVI**   "Cachivaches" también es sinónimo de cosas.

"En eso te pareces a Miguel el Tostadero, que tengo también un catorzal de tíos desparramados [...]": en lugar de decir "te pareces a mí", Rulfo hace un juego muy popular ("a Miguel", en vez de "a mí"): Miguel el Tostadero. Eso explica la aparente inconcordancia gramatical: "Miguel" (él), "que tengo" (yo).

**CARTA LIX**   La "operación del ojo de Raúl": Raúl Aparicio Reyes, hermano menor de Clara.

**CARTA LX**   "No hallo" en lugar de "No encuentro" es un regionalismo que persiste con mucha fuerza.

**CARTA LXIII**   "[...] tu tía de Juárez [...]" es Ángela Quevedo, quien vive aún en Ciudad Juárez, Chihuahua.

"[...] te ajusten los fierros [...]": te alcance el dinero.

**CARTA LXV**   Aguinaga y su "fábrica espiritual": como se vio en la carta LXIV y se verá en la LXVI, Aguinaga pudo muy bien ser uno de los que inspiraron a Rulfo la figura del padre Rentería; éste condensa intensamente —y, a la vez, de manera individual y única, como querían Aristóteles y Horacio en la construcción de un personaje a la vez general y verosímil— todas las cosas que por experiencia y reflexión disgustaban a Rulfo de la Iglesia cotidiana. Los 300 pesos pagados por la misa de boda (durante mucho tiempo los sacramentos se cobraron) parecen resonar en la actitud del padre Rentería ("renta") cuando éste dice a María Dyada que las misas y los rezos por Eduviges Dyada cuestan mucho. En 1947, un suéter para dama costaba aproximadamente 27 pesos; una casa, 45 mil.

CARTA LXVI    "[…] no le des ni un rato de descanso a Dios […]": "Vamos rezando mucho, padre", dice María Dyada al padre Rentería en *Pedro Páramo*, para interceder por el alma de la suicida Eduviges. Las reiteradas negativas del sacerdote cierran las puertas del Cielo a la comunidad pobre de Comala.

CARTA LXVII    Rulfo empieza a viajar como agente de ventas de Goodrich Euzkadi. Esta carta y las siguientes están escritas en hojas con el membrete de la Compañia hulera "Euzkadi" S. A.

CARTA LXVIII    "Echar la viga" es reclamar, insultar.
La palabra "troca" se refiere a un camión de carga ("*truck*") y es de uso muy común en el norte de México.

CARTA LXIX    "Achicopalado" es sinónimo de desanimado.

CARTA LXX    La breve tarjeta está dirigida a la Sra. Clara Aparicio de P. Rulfo / Dresde 4-1. Col. Juárez. México, D. F.

CARTA LXXI    Claudia nació el 29 de enero de este año.
"Guamazos" significa golpes.
El número 194, tomo XIV, de enero de 1952, de la revista *Mapa*, de la Asociación Mexicana Automovilística (AMA), tuvo como director a Juan Rulfo.
Aldegunda era la trabajadora doméstica.

CARTA LXXIV    "[…] de lo del ballet […] el músico Galindo […] escribir la música": se refiere a Blas Galindo (1910-1993), célebre músico mexicano nacido en San Gabriel, Jalisco, muy cerca de donde nació Rulfo. Una de sus piezas más famosas es *Sones de Mariachi*.

CARTA LXXV    "[…] los quintos […]": el dinero.

"[…] tu nuevo hijo […]": Juan Francisco Rulfo nació el 13 de diciembre de 1950 en Guadalajara, Jalisco.

"[…] vi a Efrén y a la Yeya […]": se trata de Efrén Hernández y su esposa, de apellido Ponzanelli.

"[…] saludar a los compadres y al matrimonio de ahijados Baigén […]": Gloria Aparicio Reyes y su esposo Luis Baigén fueron padrinos de bodas del escritor.

CARTA LXXVIII    "[…] el artículo del castillo de Teayo […] va ilustrado con 20 fotos de las cuales calculo publicarán unas 10": el castillo es una pirámide ubicada en Teayo, Veracruz, "a pocos kilómetros de Tihuatlán, punto que toca la carretera México-Tuxpan", según palabras del propio Rulfo en la citada revista *Mapa*.

CARTA LXXIX    "[…] el Dr. Gabriel García Rulfo" era tío de Juan Rulfo.

Quiero agradecer a Sol Vital Martínez Villanueva y a José Martínez Torres, así como a Elvia Castorena, Gina Carriles y Edith García, del Centro de Estudios Literarios del Instituto de Investigaciones Filológicas de la Universidad Nacional Autónoma de México, todo el apoyo que generosamente me proporcionaron en estos días de intenso trabajo. Igualmente, deseo dejar constancia de mi deuda con toda la familia Rulfo Aparicio por su maravillosa hospitalidad y por su enorme disposición a ofrecerme datos esenciales para las distintas partes de la presente edición. Por último —*last, but not least*—, hago reconocimiento de la amistosa y siempre ilustrativa colaboración de Víctor Jiménez, arquitecto, rulfiano de primerísima línea.

# Índice

Prólogo • **7**

———

CARTA I

"Desde que te conozco, hay un eco…" *Guadalajara. 10/44* • **23**

CARTA II

"Hoy que vine de ti, sostenido a tu sombra…" *Guad. Oct. de 1944* • **25**

CARTA III

*México D. F. a 9 de enero de 1945.* "Sta. Clara Aparicio." • **27**

CARTA IV

*Méx. Enero 10 de 1945.* "Muchachita:" • **31**

CARTA V

*Enero de 1945.* "Chiquilla:" • **33**

CARTA VI

*Méx. D. F. 31 de Feb. 1945.* "Criatura:" • **35**

CARTA VII

*Méx. D. F.. 9 de agosto 1945.* "Kiko:" • **38**

CARTA VIII

*Coyoacán, D. F., a 23 de enero de 1946.* "Criatura:" • **39**

CARTA IX

*México, D. F. 20 de agosto de 1946.* "Sta. Clara Aparicio" • **42**

CARTA X

*Méx.·D. F. a 4 de febrero de 1947.* "Mujercita:" • **46**

CARTA XI

*México, d. f. a 16 de febrero de 1947.* "Mayecita:" • **48**

CARTA XII

*Méx. a fines de febrero de 1947.* "Mayecita:" • **53**

CARTA XIII

*Méx. 1ᵉʳ. domingo de marzo de 1947.* "Chiquitina:" • **59**

CARTA XIV

*Méx. 1ᵉʳ. miércoles de marzo de 1947.* "Mujercita:" • **62**

CARTA XV

*Méx. D. F. jueves 13 de 1947.* "Mujercita:" • **65**

CARTA XVI

*México, D. F. 21 de marzo de 1947.* "Querida Mujercita:" • **69**

CARTA XVII

*Méx. D. F. 11 de abril de 1947.* "Mujercita:" • **74**

CARTA XVIII

*México, d. f., 19 de abril de 1947.* "Cariñito:" • **78**

CARTA XIX

*Méx. d. f. abril 29 de 1947.* "Chachita:" • **82**

CARTA XX

*México, d. f. 9 de mayo de 1947.* "Odiada mujercita:" • **86**

CARTA XXI

*México, d. f. 26 de mayo 1947.* "Querida chachinita:" • **91**

CARTA XXII

*México, d. f. 1º. de junio de 1947.* "Cariñito grande:" • **97**

CARTA XXIII

*Méx. d. f. a 3 de junio de 1947.* "Criaturita:" • **103**

CARTA XXIV

*México, d. f. 10 de junio de 1947.* "Mayecita:" • **108**

CARTA XXV

*México d. f. 19 de junio de 1947.* "Queridísima chiquis:" • **113**

CARTA XXVI

*Méx. d. f. a 27 de junio de 1947.* "Chiquitina:" • **117**

CARTA XXVII

*México d. f. a 8 de julio de 1947.* "Querida mujercita:" • **122**

CARTA XXVIII

*México, d. f. a 14 de julio de 1947.* "Querida mujercita:" • **125**

CARTA XXIX

*México, d. f. a 21 de julio de 1947.* "Mujercita:" • **131**

CARTA XXX

*México, д. f. 27 де julio де 1947.* "Muchachita:" • **136**

CARTA XXXI

*México, д. f. 4 де agosto де 1947.* "Maye chiquita:" • **140**

CARTA XXXII

*México, D. F. agosto 10 де 1947.* "Chachita:" • **145**

CARTA XXXIII

*México, D. F. 18 де agosto 1947.* "Criatura:" • **147**

CARTA XXXIV

*México д. f. 25 де agosto де 47.* "Mujercita:" • **151**

CARTA XXXV

*México D. F. a 28 де agosto де 1947.* "Mujercita:" • **155**

CARTA XXXVI

*México, D. F. 4 де septiembre де 1947.* "Mujercita:" • **159**

CARTA XXXVII

*México, D. F. 18 де Sept. 1947.* "Querida mujercita:" • **162**

CARTA XXXVIII

*México, D. F. 7º. día деspués del 15 де Septbre.* "Clara:" • **165**

CARTA XXXIX

*México, D. F. a 30 де Sept. 1947.* "Mujercita:" • **168**

CARTA XL

*México, D. F. a 3 de octubre de 1947.* "Mayecita:" • **171**


CARTA XLI

*México, D. F. 6 de octubre de 1947.* "Chachita:" • **174**


CARTA XLII

*México, d. f. octubre 9 de 1947.* "Chiquilla:" • **178**


CARTA XLIII

*Octubre 17 de 1947.* "Mujercita:" • **183**


CARTA XLIV

*Oct. 23 de 1947.* "Maye:" • **186**


CARTA XLV

*Oct. 31 de 1947.* "Criatura:" • **188**


CARTA XLVI

*México, d. f. 8 de Nov. de 1947.* "Corazón:" • **191**


CARTA XLVII

*Nov. 16 de 1947.* "Mujercita:" • **195**


CARTA XLVIII

*México, d. f. 22 de Nov. 1947.* "Mujercita:" • **198**


CARTA XLIX

*Diciembre 1º. de 1947.* "Mayecita:" • **202**

CARTA L
*Dic. 19 de 1947.* "Mujercita:" • **206**

CARTA LI
*3 de enero de 1948.* "Querida mujercita:" • **210**

CARTA LII
*7 de enero de 1948.* "Criaturita:" • **213**

CARTA LIII
*12 de enero de 1948.* "Querida madrinita:" • **217**

CARTA LIV
*17 de enero 1948.* "Querida mujercita:" • **220**

CARTA LV
*22 de enero de 1948.* "Cariñito:" • **225**

CARTA LVI
*Enero 28 de 1948.* "Querida mayecita:" • **229**

CARTA LVII
*5 de febrero de 1948.* "Mujercita:" • **232**

CARTA LVIII
*Febrero 13 de 1948.* "Mujercita:" • **235**

CARTA LIX
*20 de febrero de 1948.* "Mujercita querida:" • **238**

CARTA LX

*26 de Feb. 1948.* "Mayecita querida:" • **242**

CARTA LXI

*2 de marzo de 1948.* "Muchachita querida:" • **245**

CARTA LXII

*Marzo 10 de 1948.* "Muchachita fea:" • **249**

CARTA LXIII

*29 de marzo 1948:* "Querida mujercita:" • **252**

CARTA LXIV

*5 de abril de 1948.* "Mujercita:" • **255**

CARTA LXV

*8 de abril de 1948.* "Querida mayecita:" • **259**

CARTA LXVI

*15 de abril de 1948.* "Señora:" • **263**

CARTA LXVII

*Teziutlán, Puebla, 2 de Sept. de 1948.* "Muchachita:" • **267**

CARTA LXVIII

*Gutiérrez Zamora, 4 de Sept. 48.* "Madrecita:" • **269**

CARTA LXIX

*Gutiérrez Zamora, Ver. 7 de noviembre de 1948.* "Mujercita querida:" • **272**

CARTA LXX

*10 de Dic. 48.* "Muchachita:" • **275**


CARTA LXXI

*México, D. F. 28 de julio de 1949.* "Querida madrecita:" • **276**


CARTA LXXII

*Tuxpan, Ver. 21 de agosto 49.* "Muy querida madrecita:" • **281**


CARTA LXXIII

*Jalapa, Ver. 12 de octubre de 1949.* "Adorada mujercita:" • **285**


CARTA LXXIV

*D. F. 22 de octubre de 1950.* "Clara Aparicio, querida mujercita:" • **289**


CARTA LXXV

*Méx. D. F. a 1º. de Nov. de 1950.* "Querida mujercita:" • **292**


CARTA LXXVI

*7 de Nov. de 1950.* "Mujercita, querida mujercita:" • **295**


CARTA LXXVII

*14 de Nov. de 1950.* "Querida chachinita:" • **298**


CARTA LXXVIII

*24 de noviembre de 1950.* "Querida mujercita:" • **301**


CARTA LXXIX

*México, D. F. 4 de diciembre de 1950.* "Querida madrecita:" • **304**

CARTA LXXX

*México a 11 de diciembre de 1950.* "Querida chachinita:" • **307**


CARTA LXXXI

*México, D. F. 16 de Dic. 1950.* "Madre, madrecita chula:" • **311**

———

Notas • **315**

El cuidado de la edición
estuvo a cargo de la Fundación Juan Rulfo.